FART DE CONEJO
para colorear libro

Young Scholar

Young Scholar
An imprint of Ciparum LLC

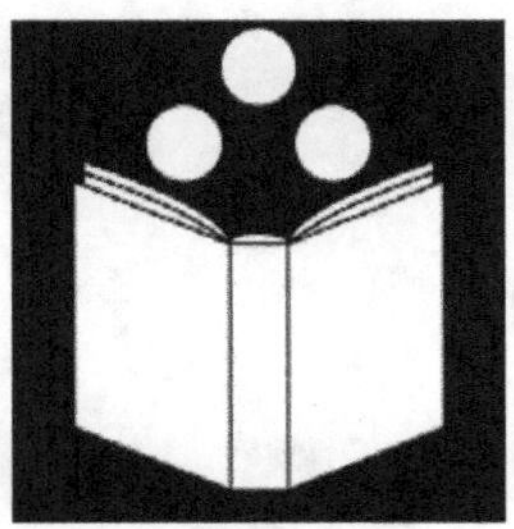

Fart de conejo para colorear libro
© 2017 Ciparum LLC
All rights reserved.
ISBN-10:1-63589-372-0
ISBN-13:978-1-63589-372-4

www.youngscholar.co

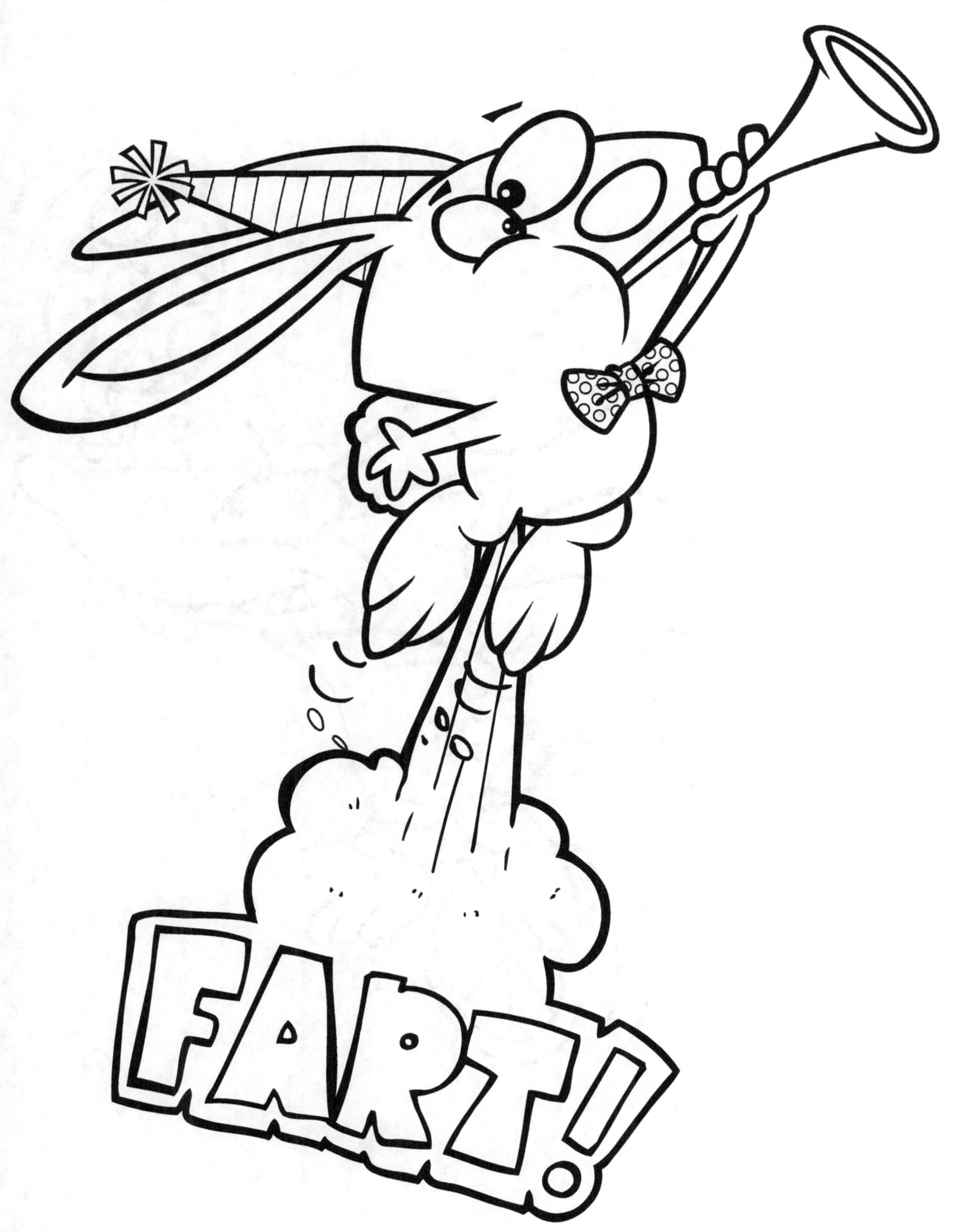
FART!

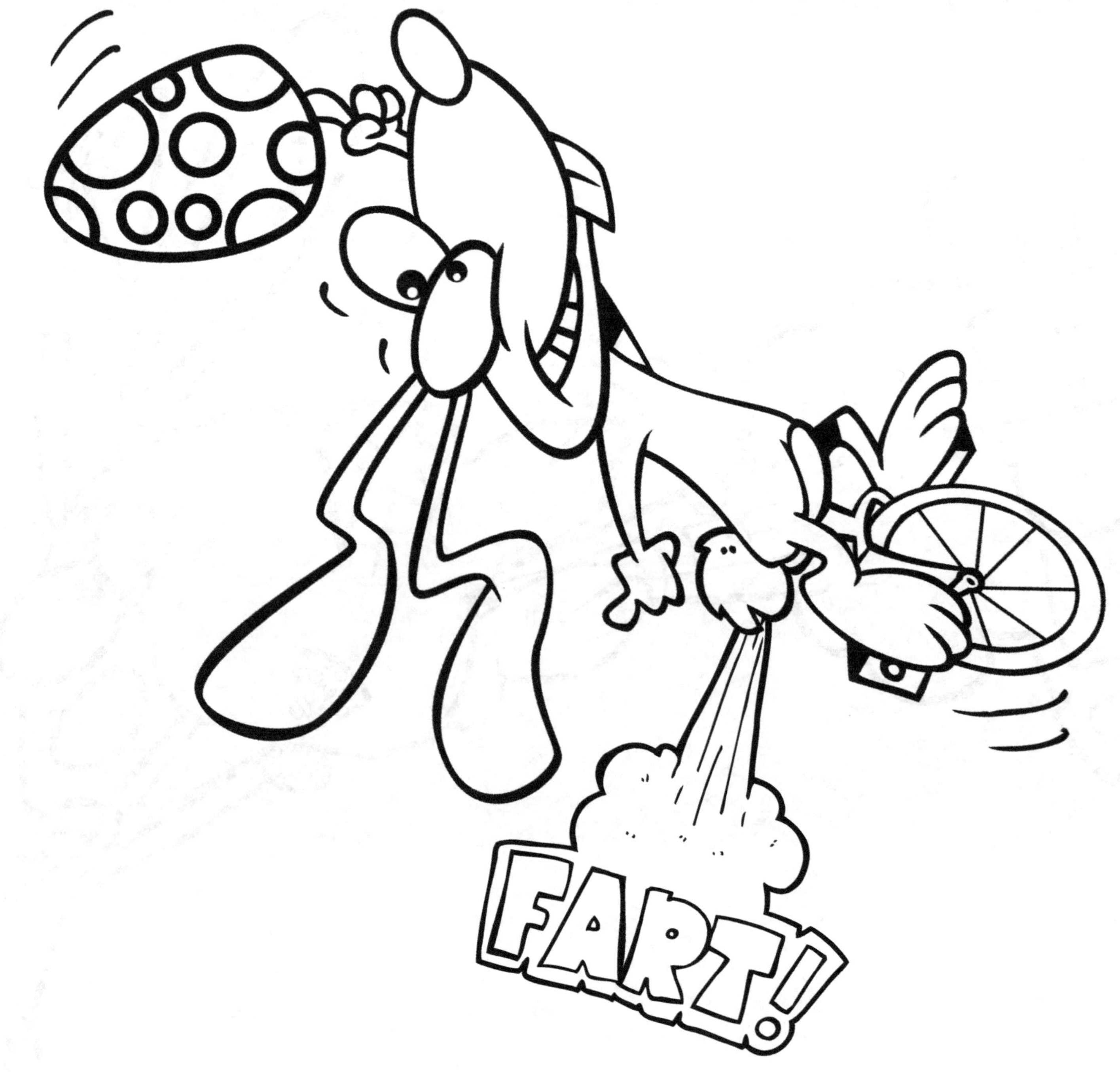

FART!

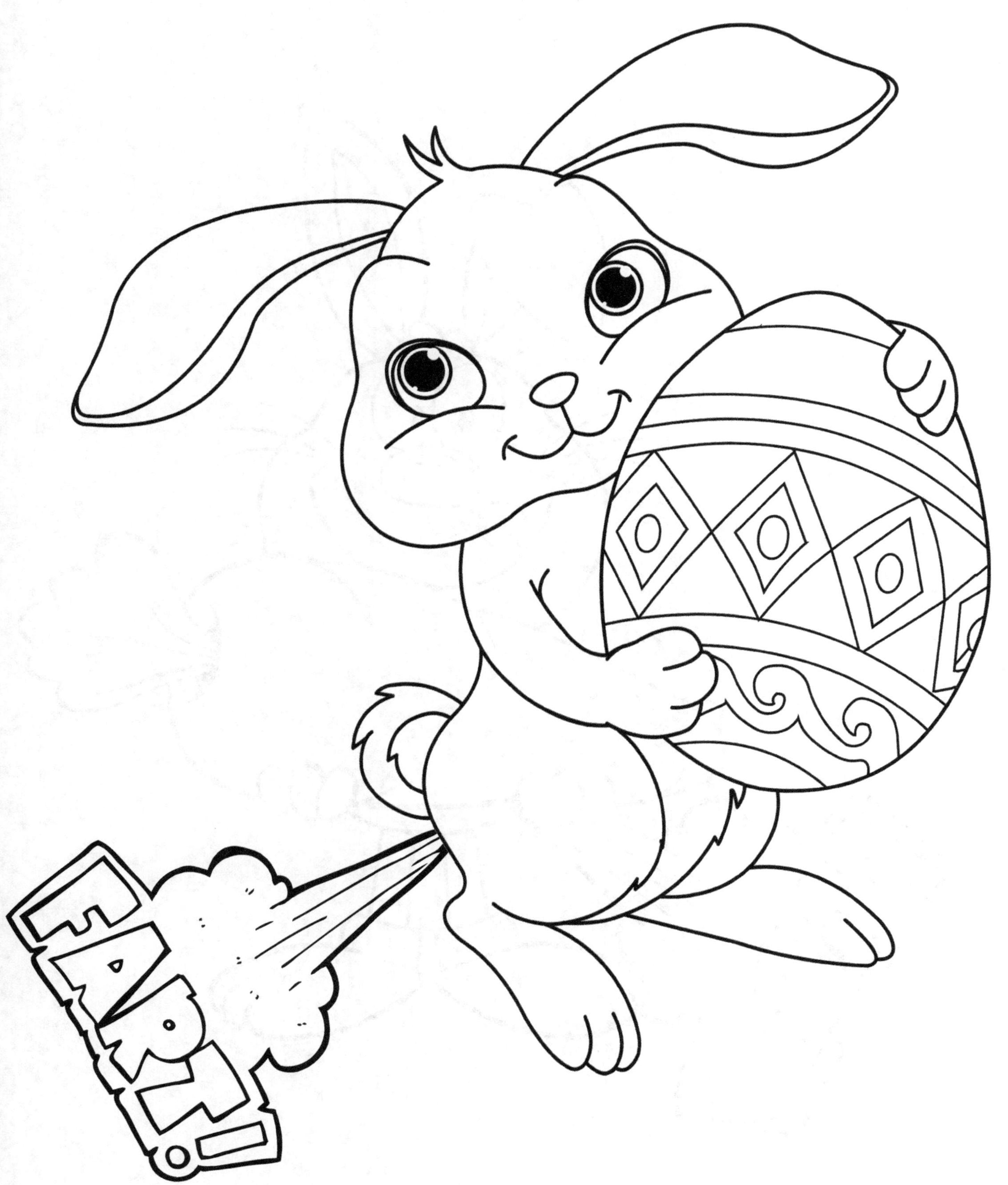

FART!

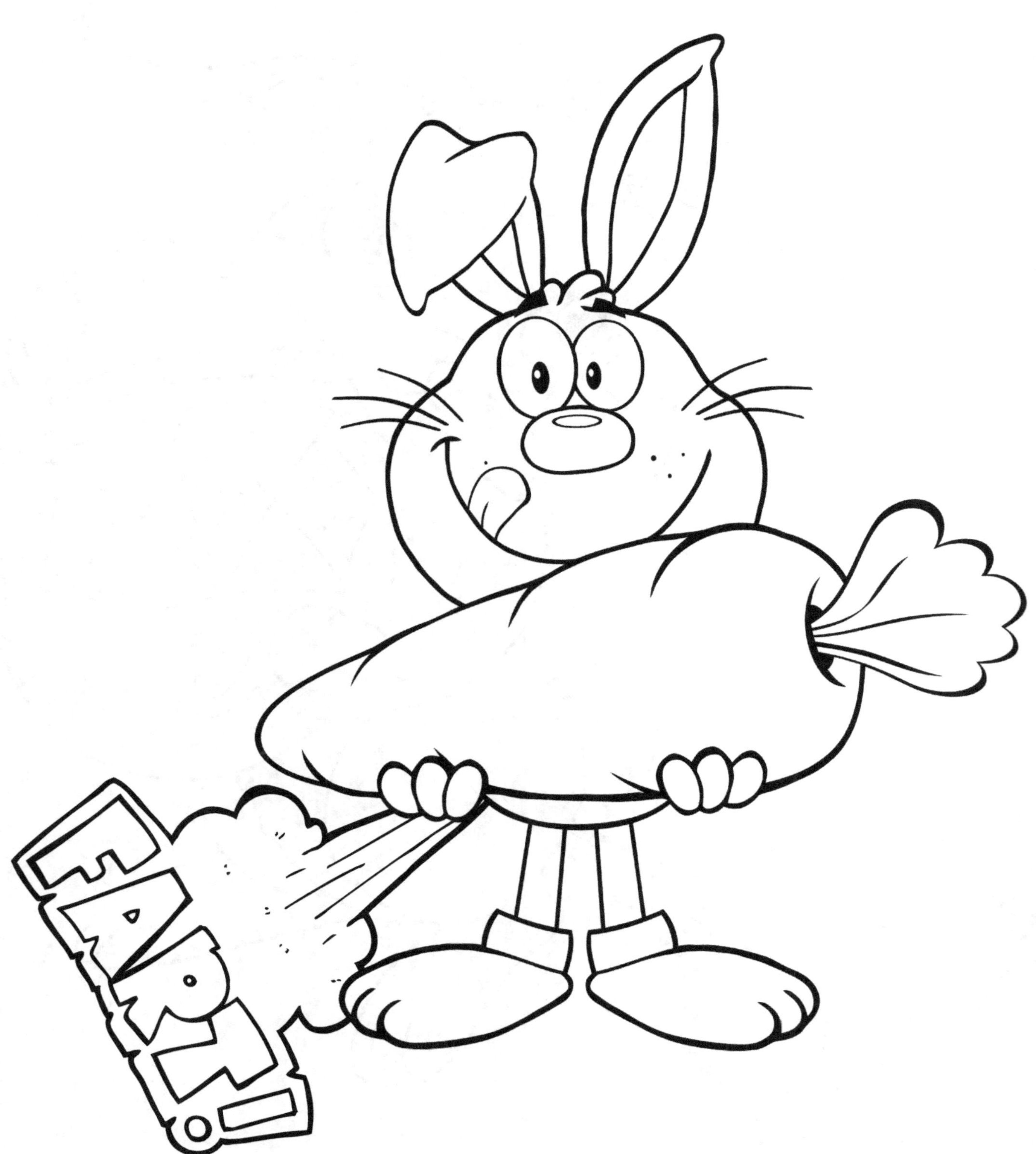

FART!

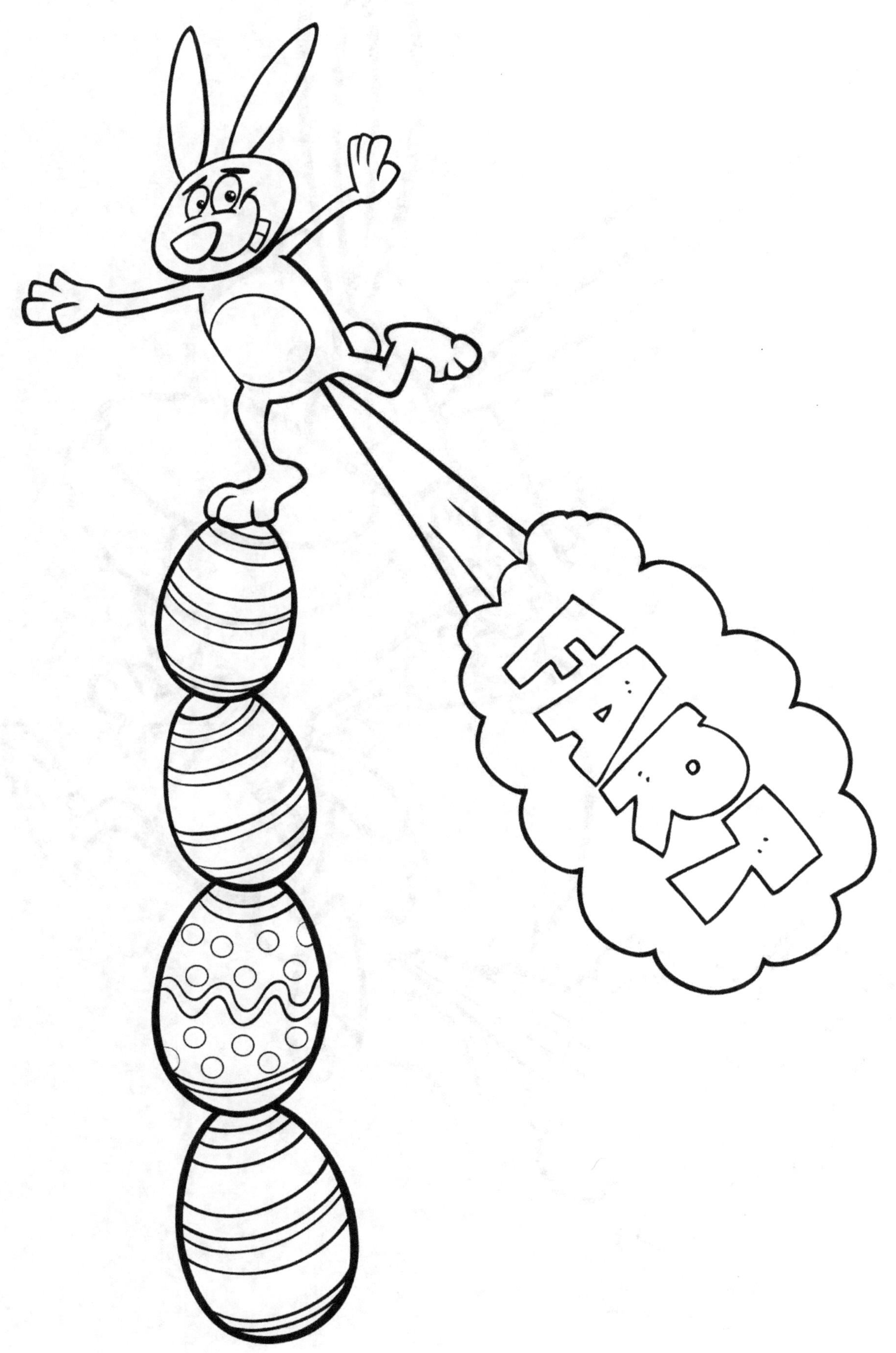
FARR

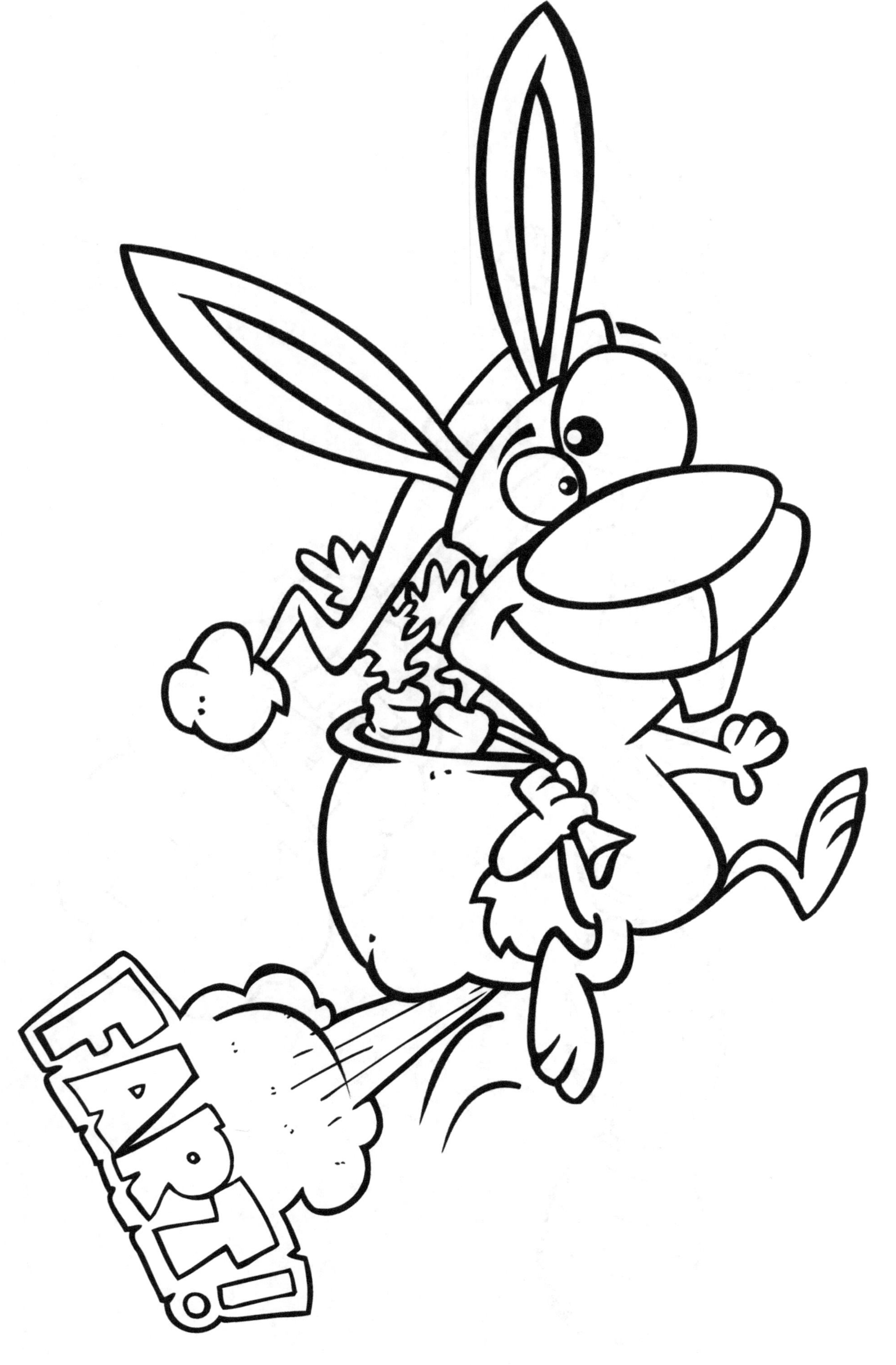
FART!

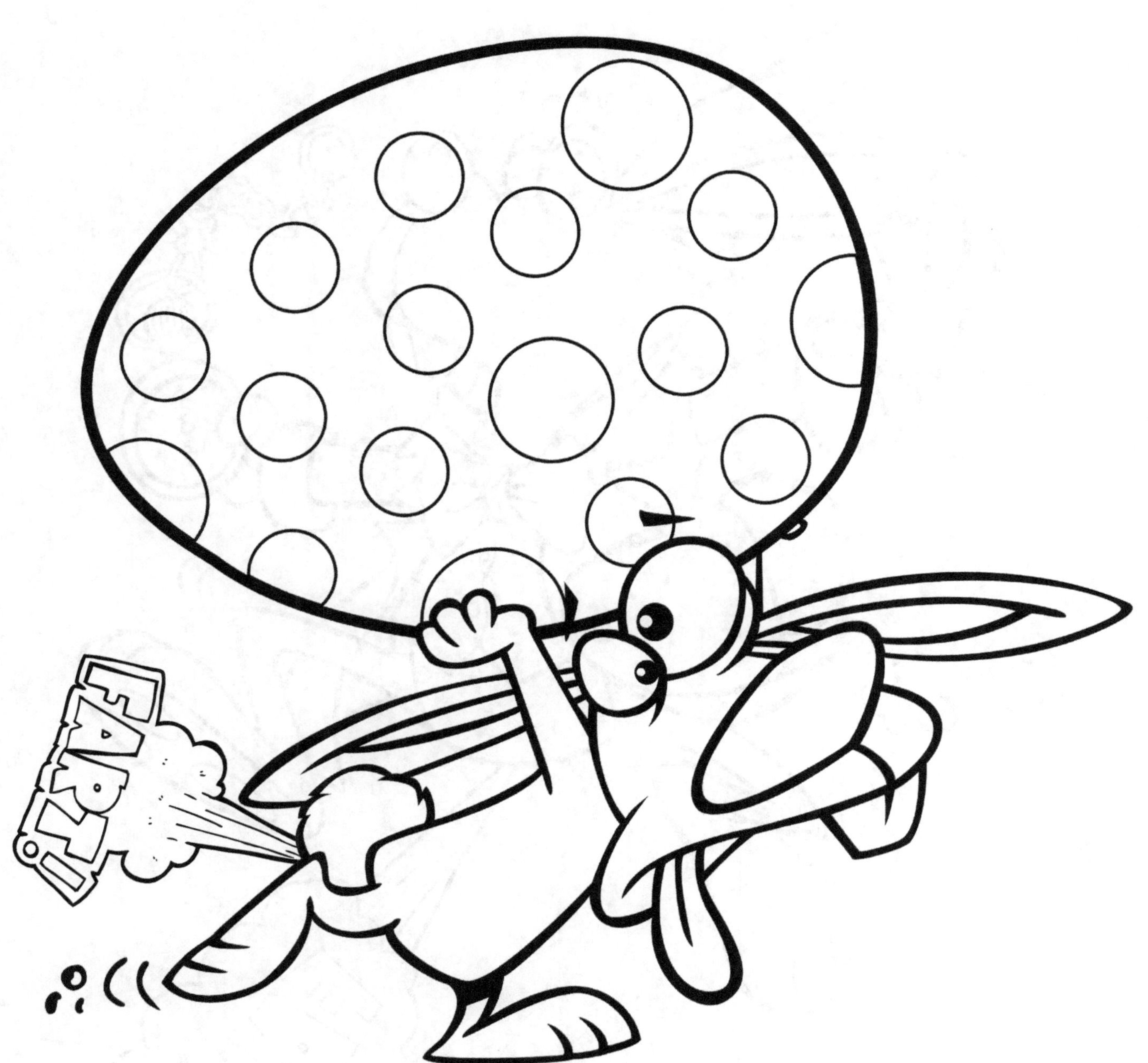

FART!

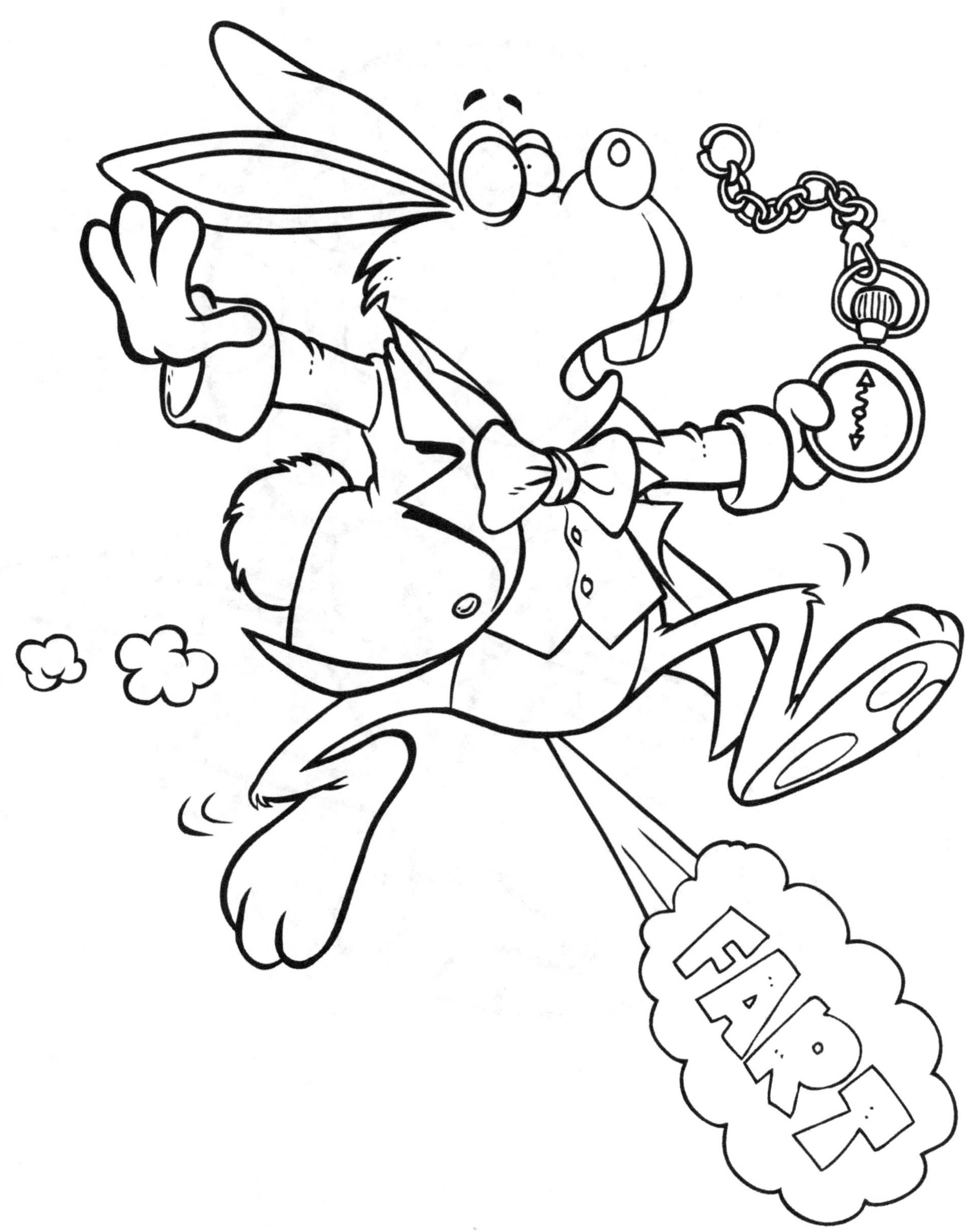
FARR

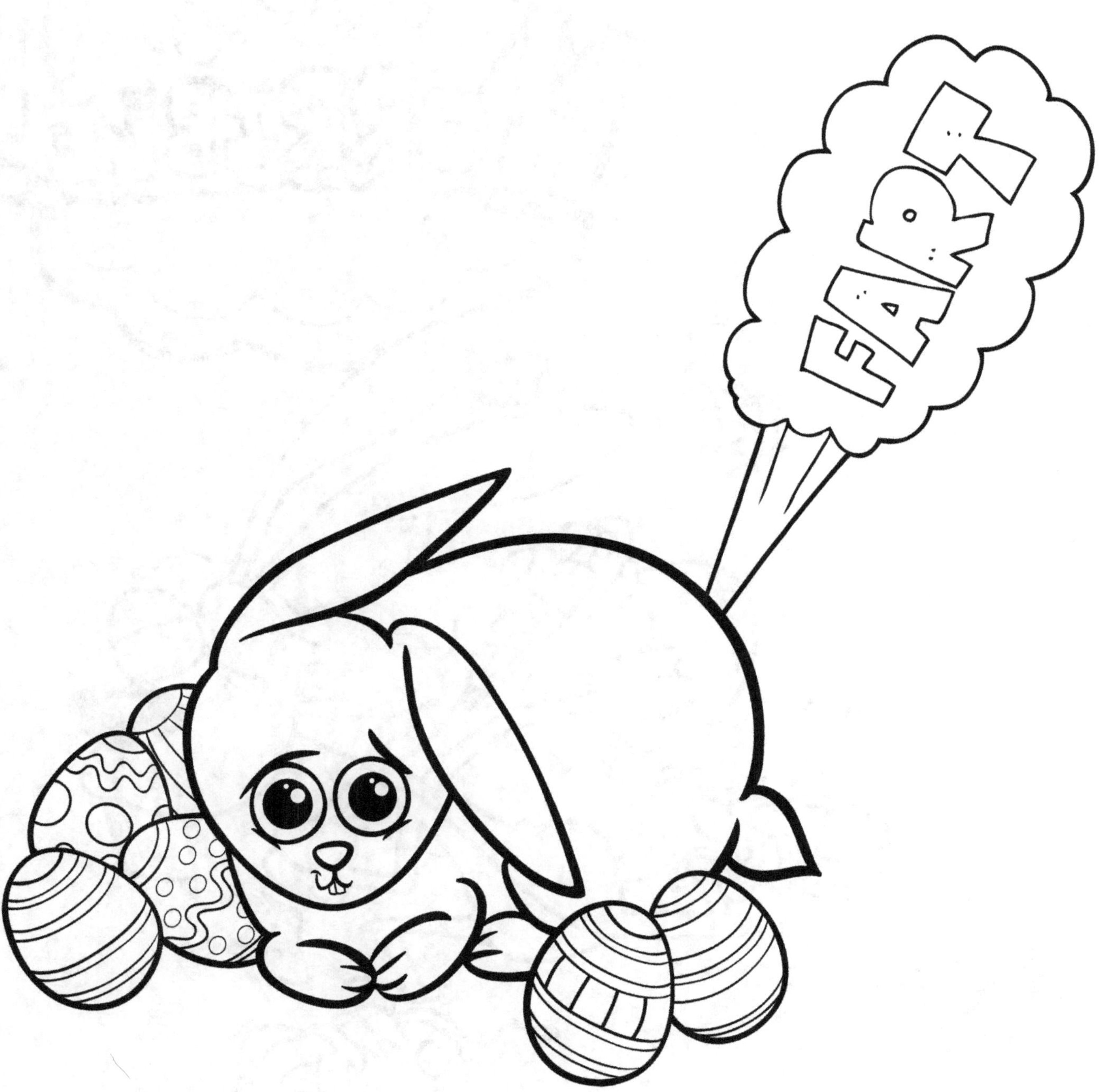
FART

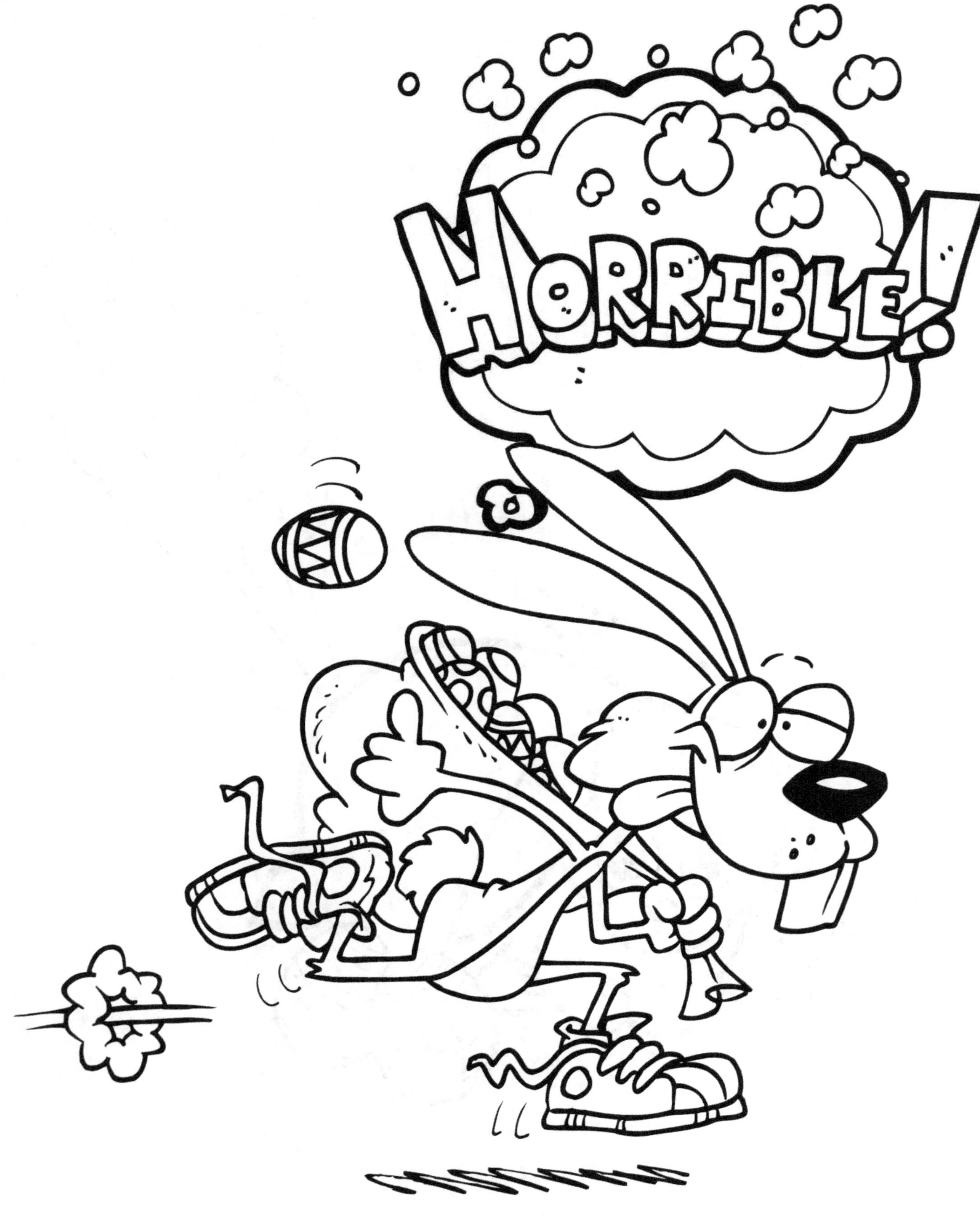

HORRIBLE!

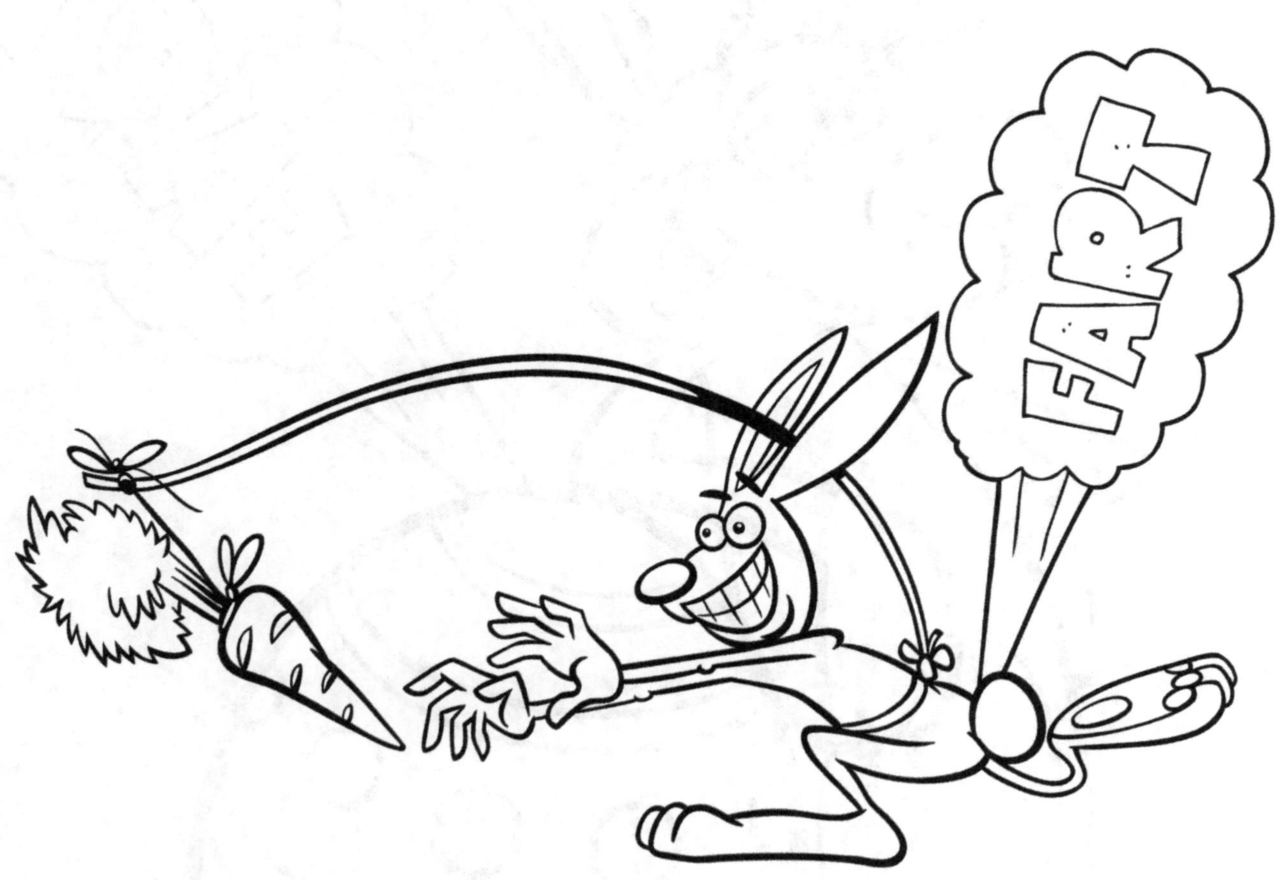

FART

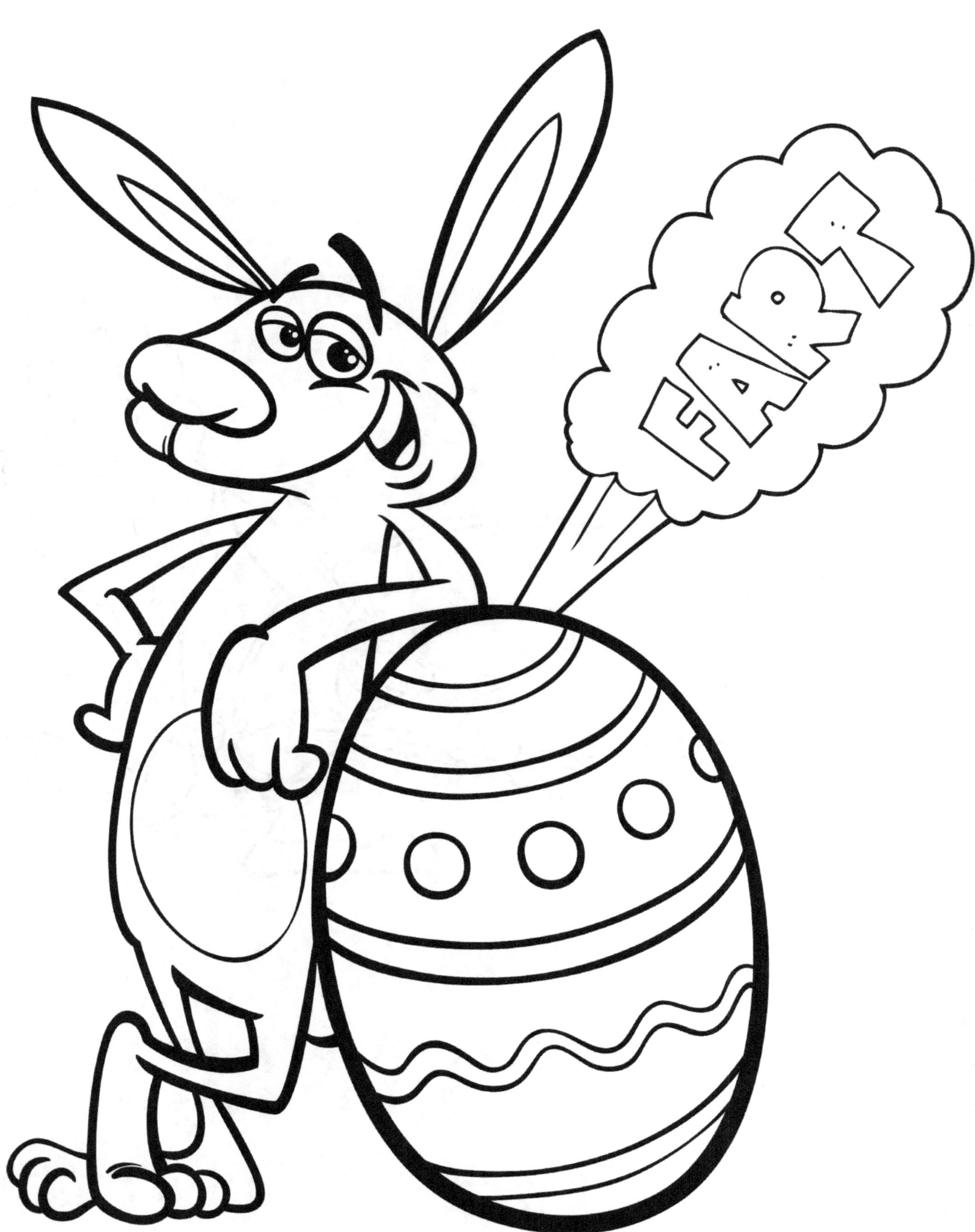

FARRT

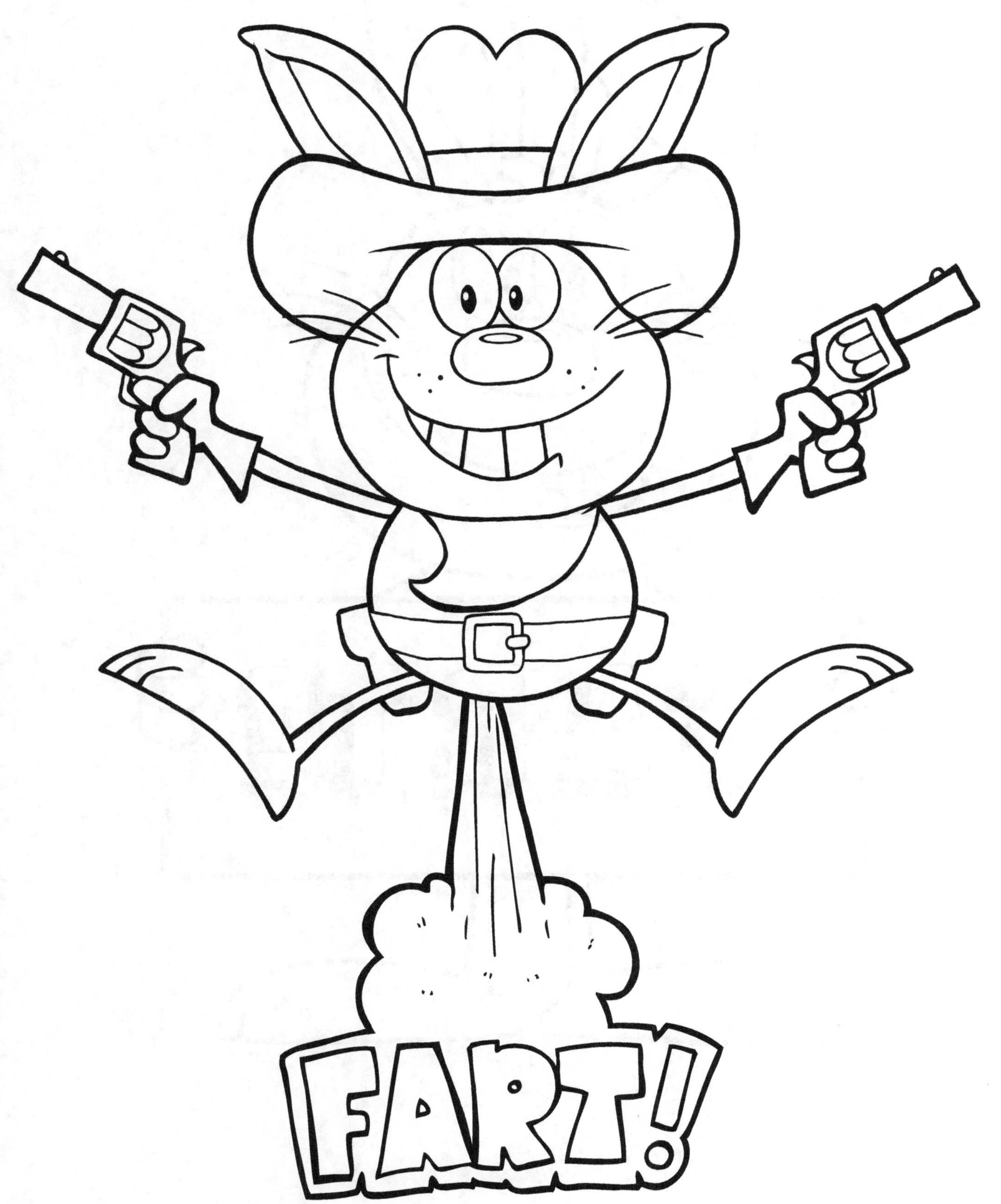

FART!

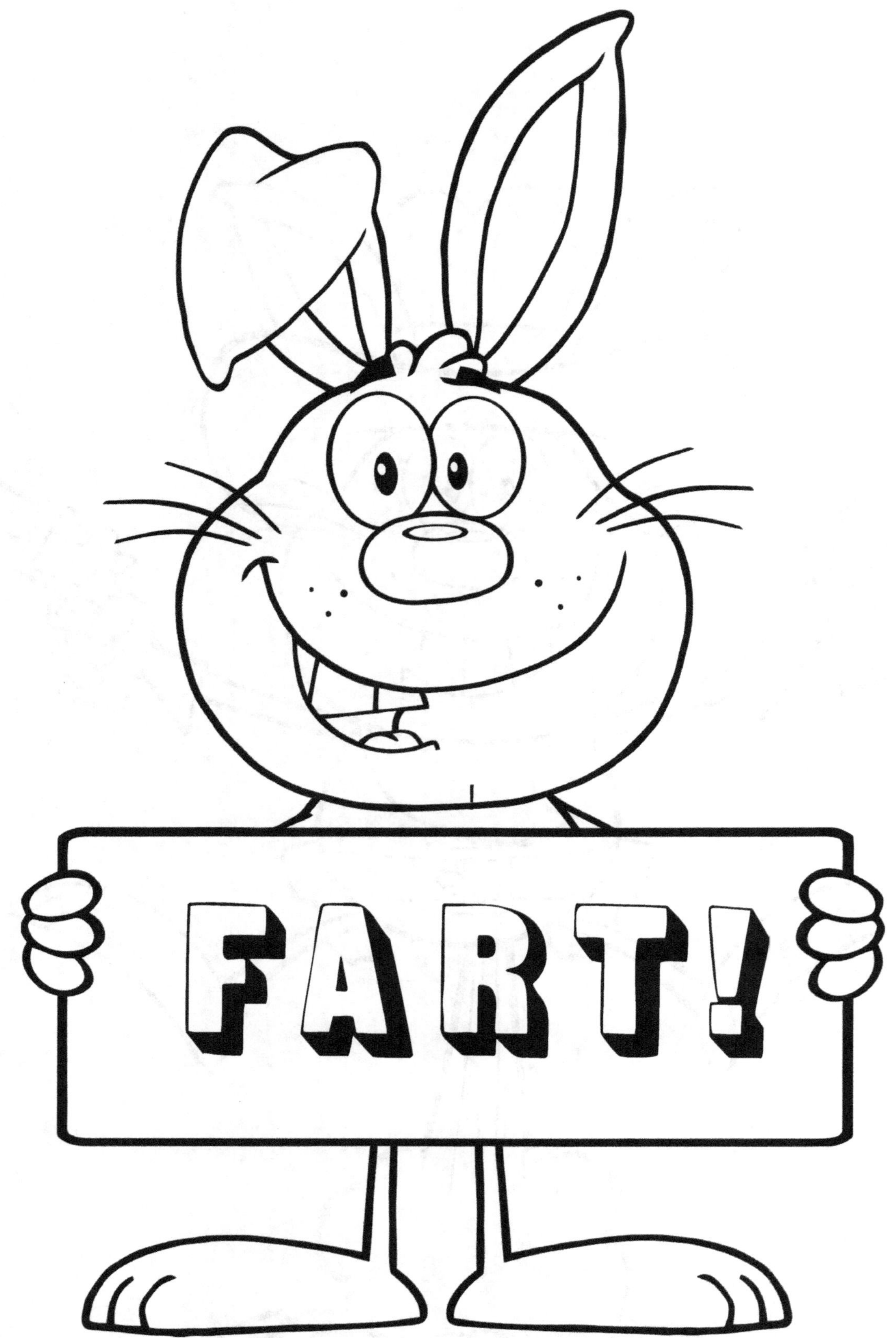
FART!

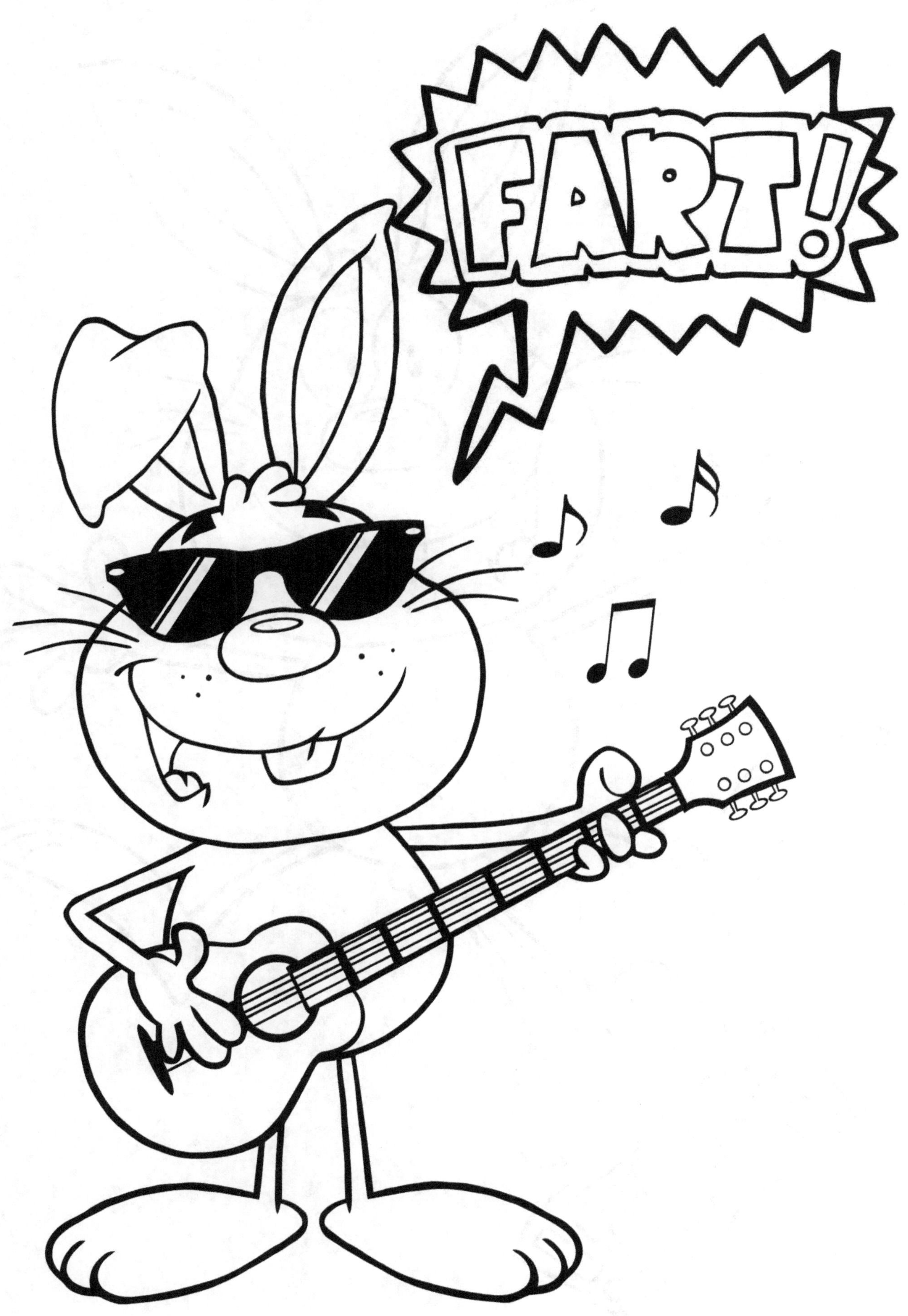
FART!

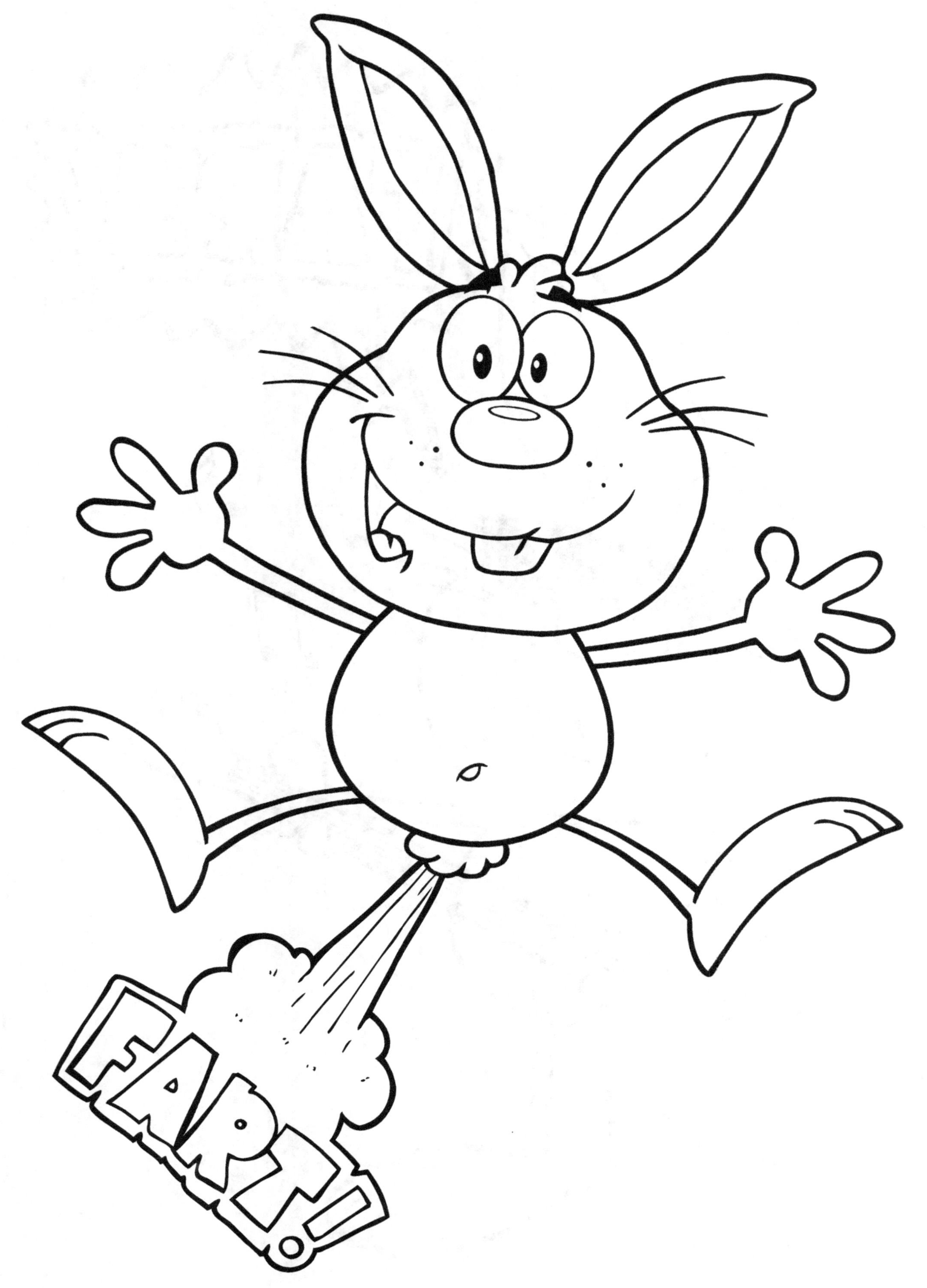
FART!

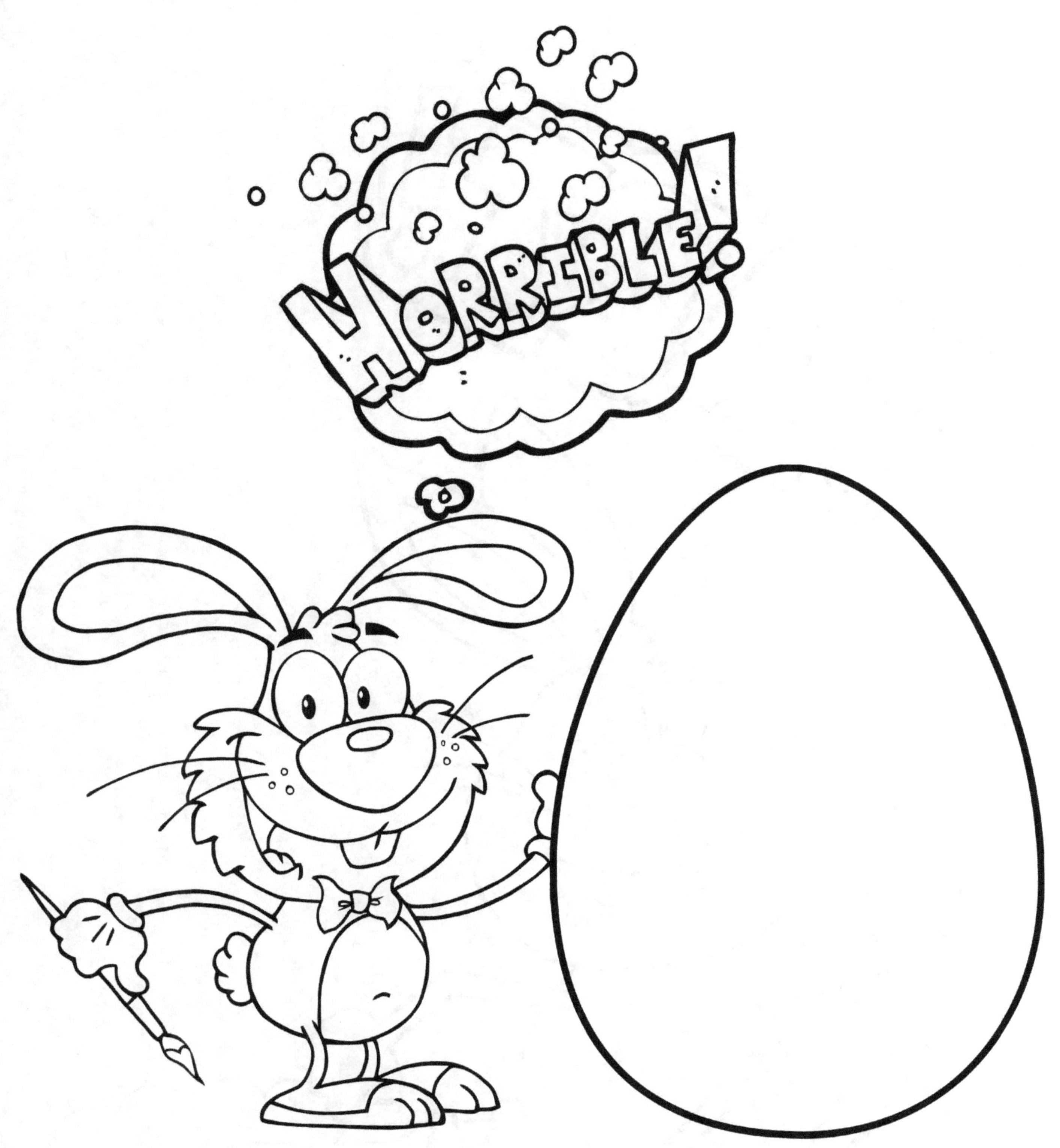

HORRIBLE!

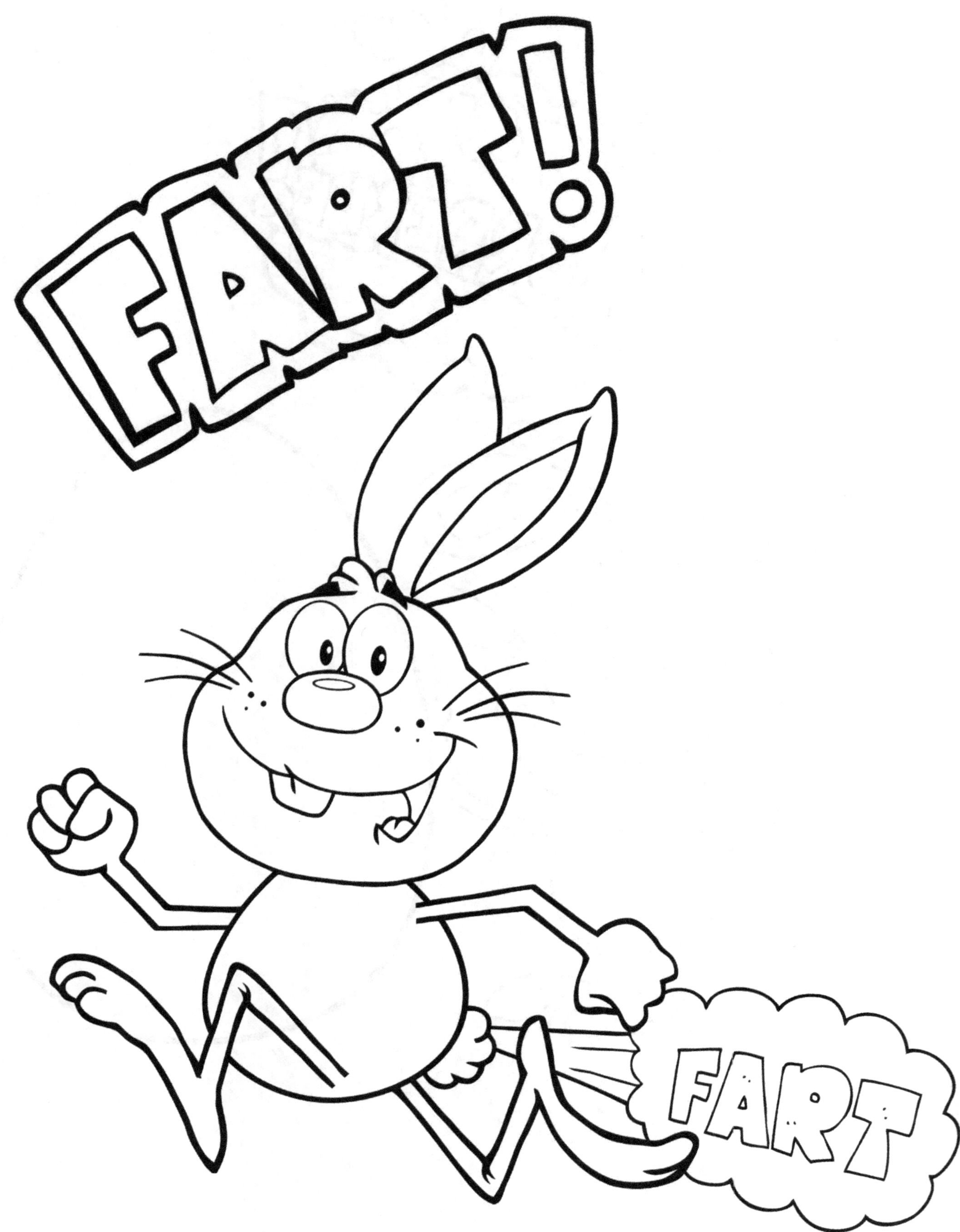

FART!
FART

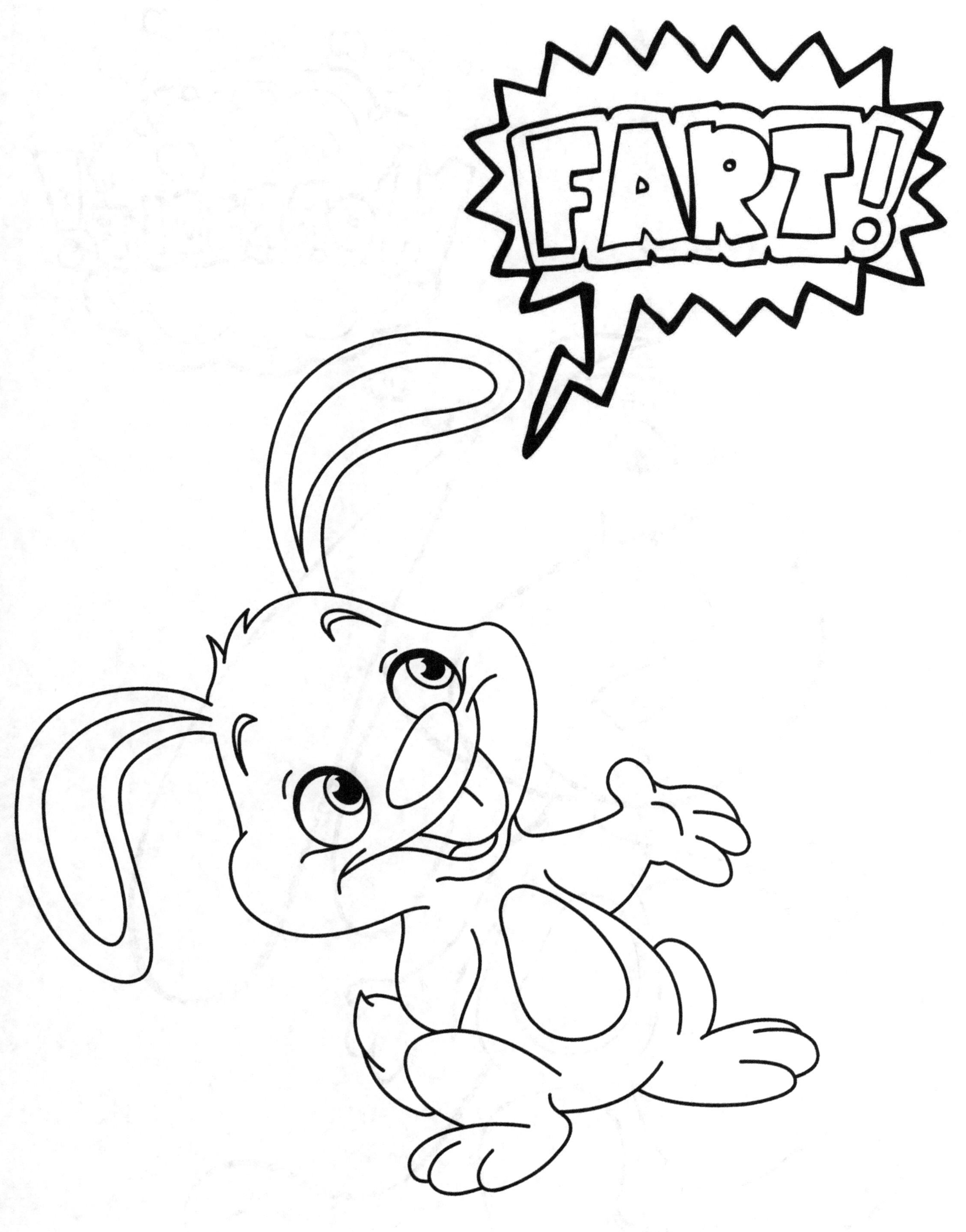
FART!

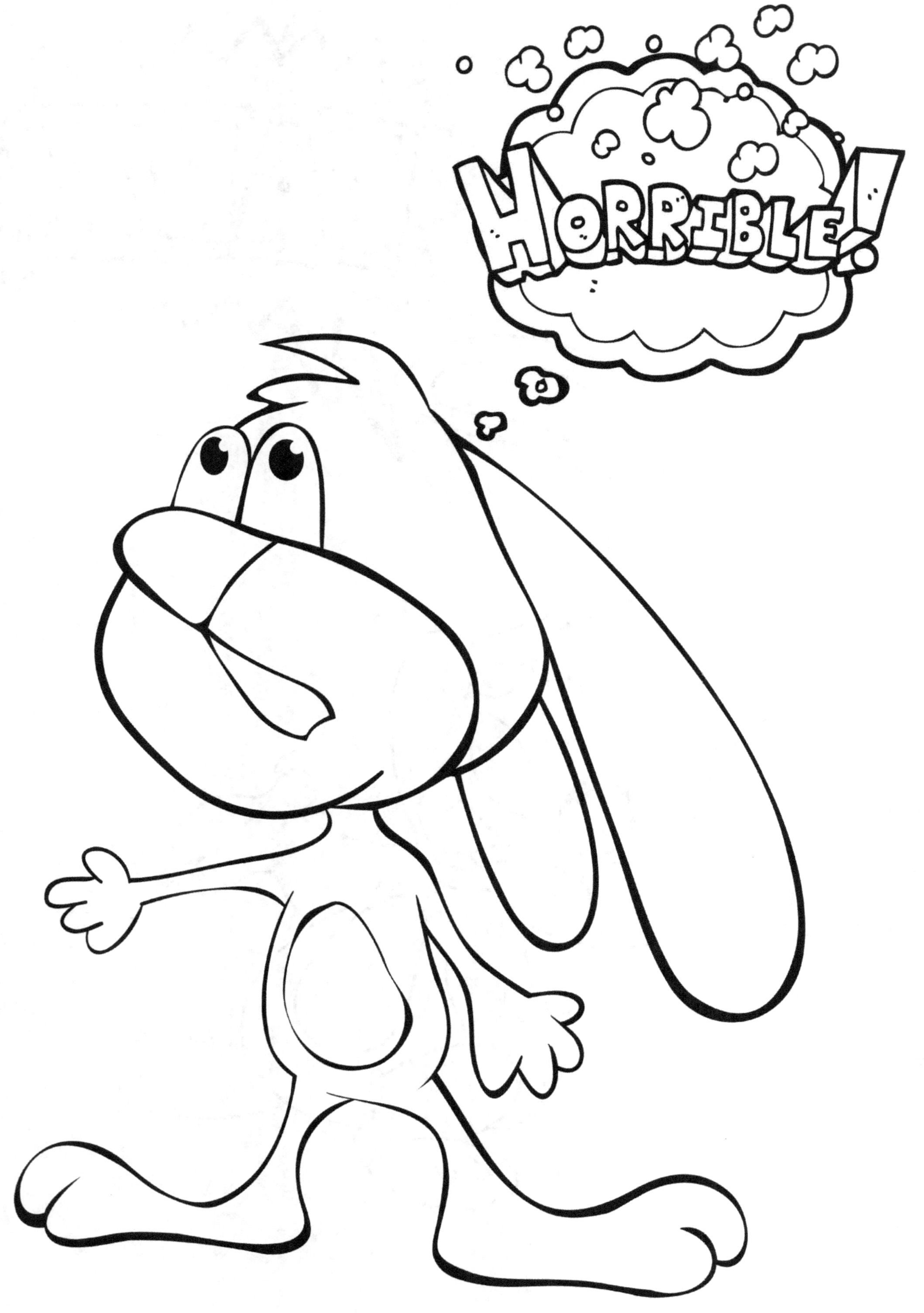
HORRIBLE!!

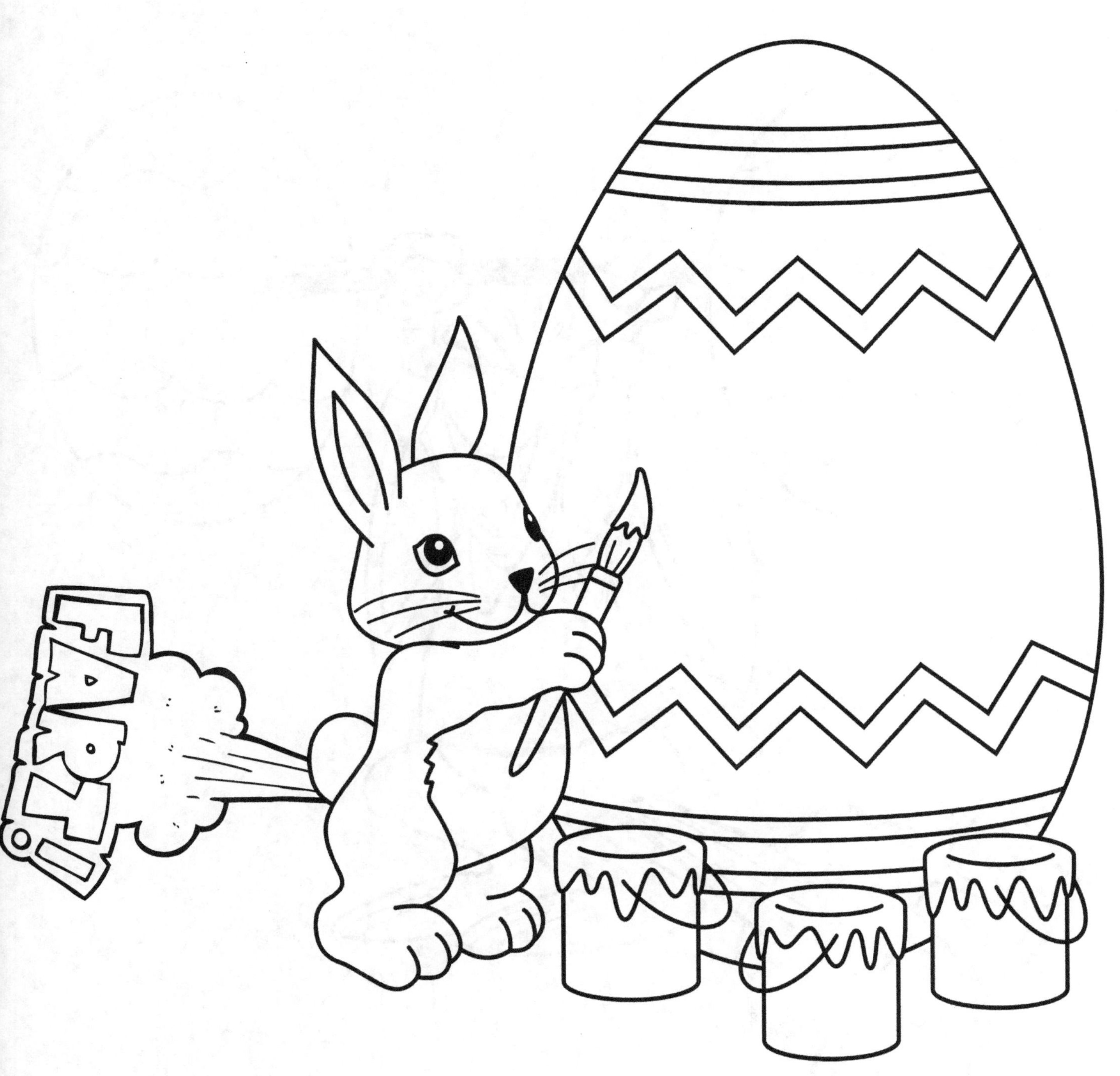
FART!

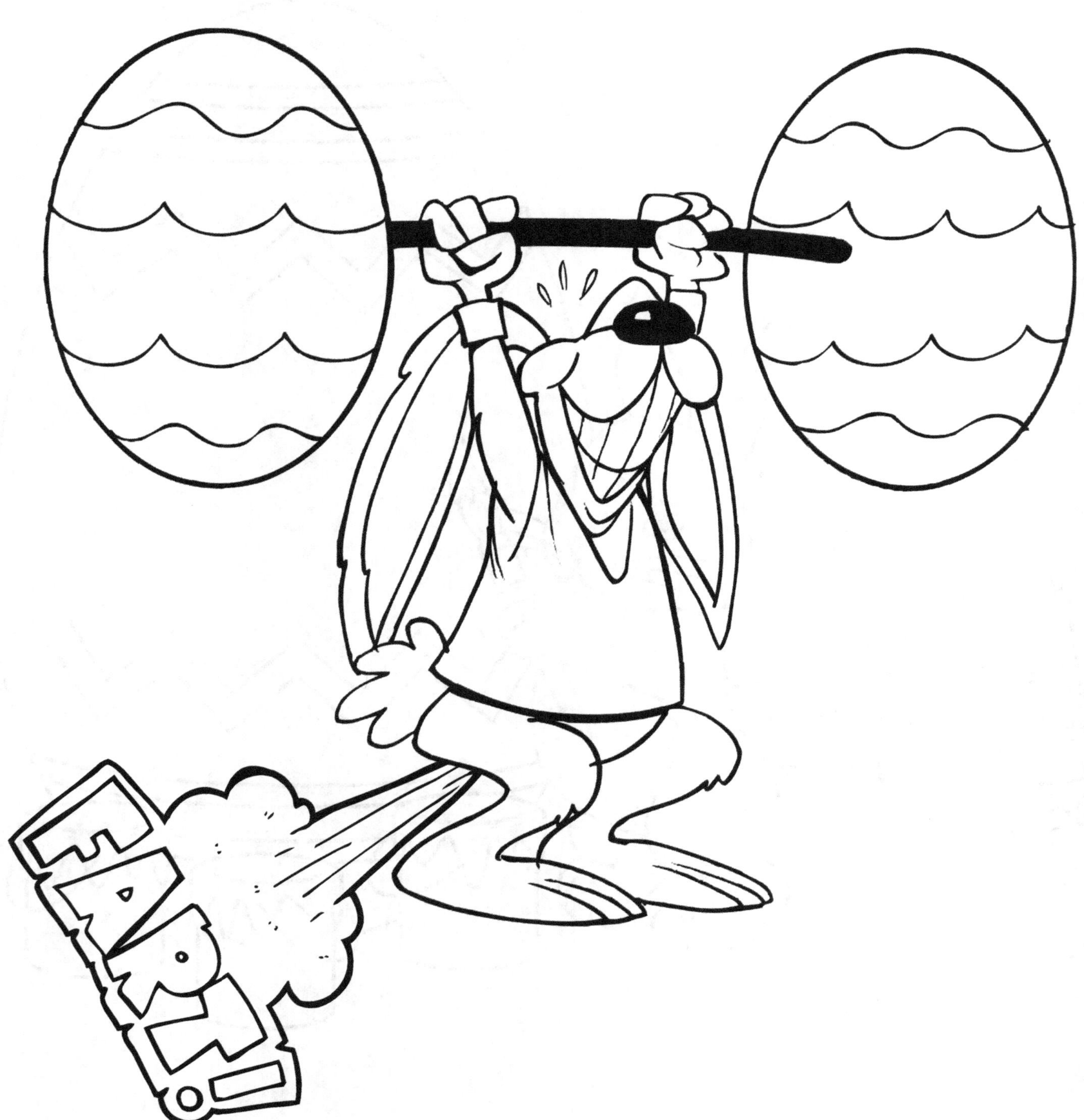

FART!

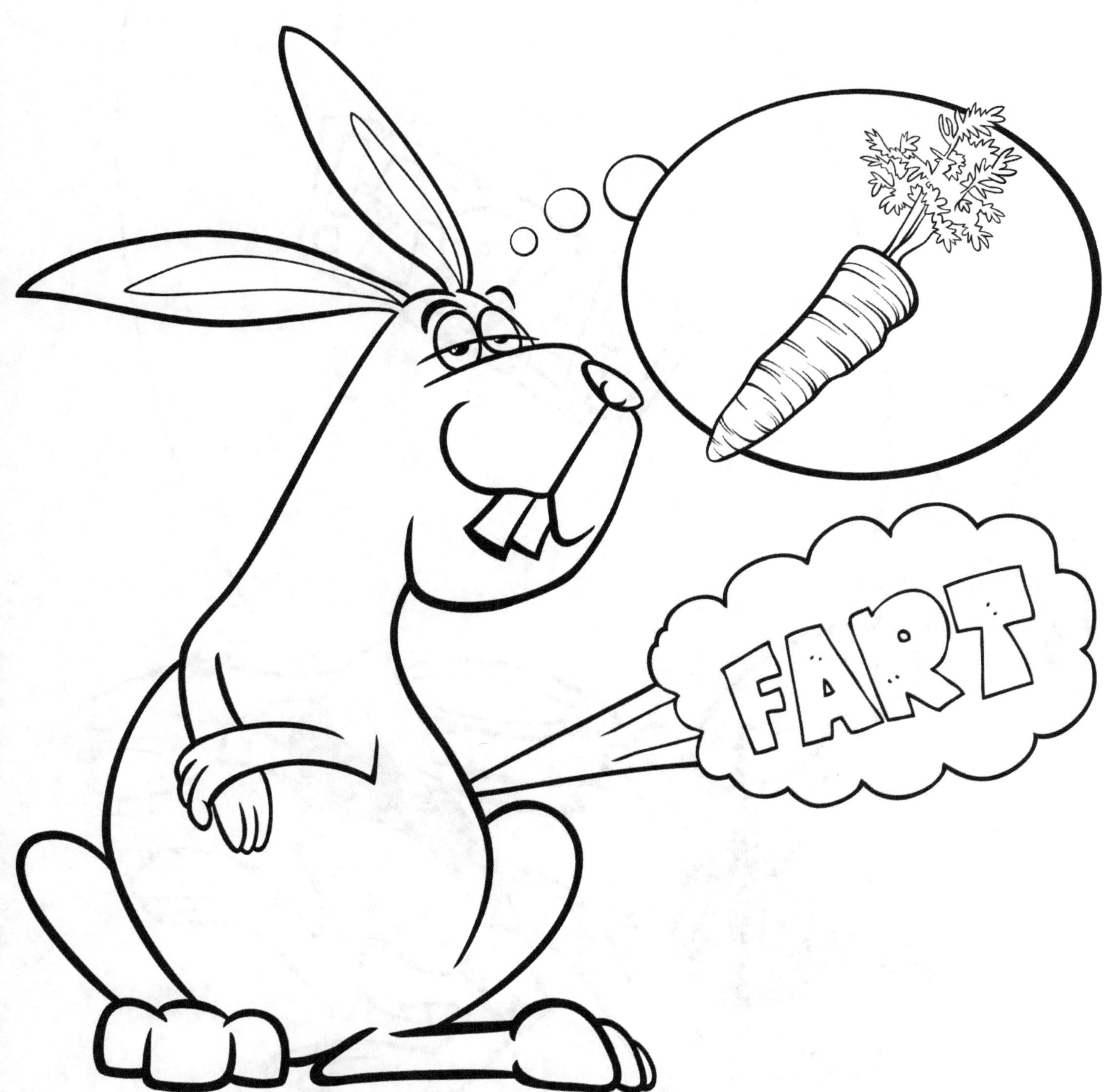

FART

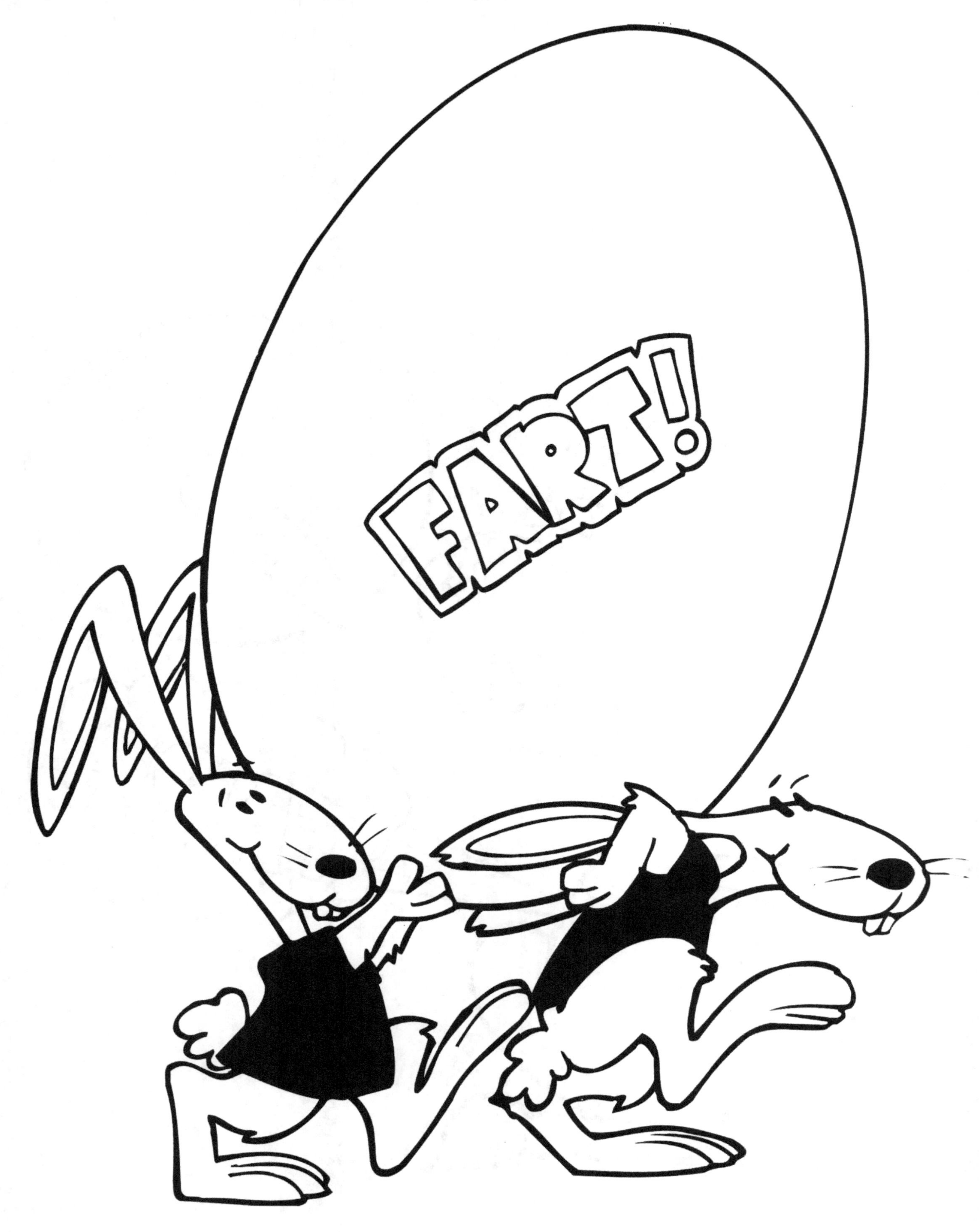
FART!

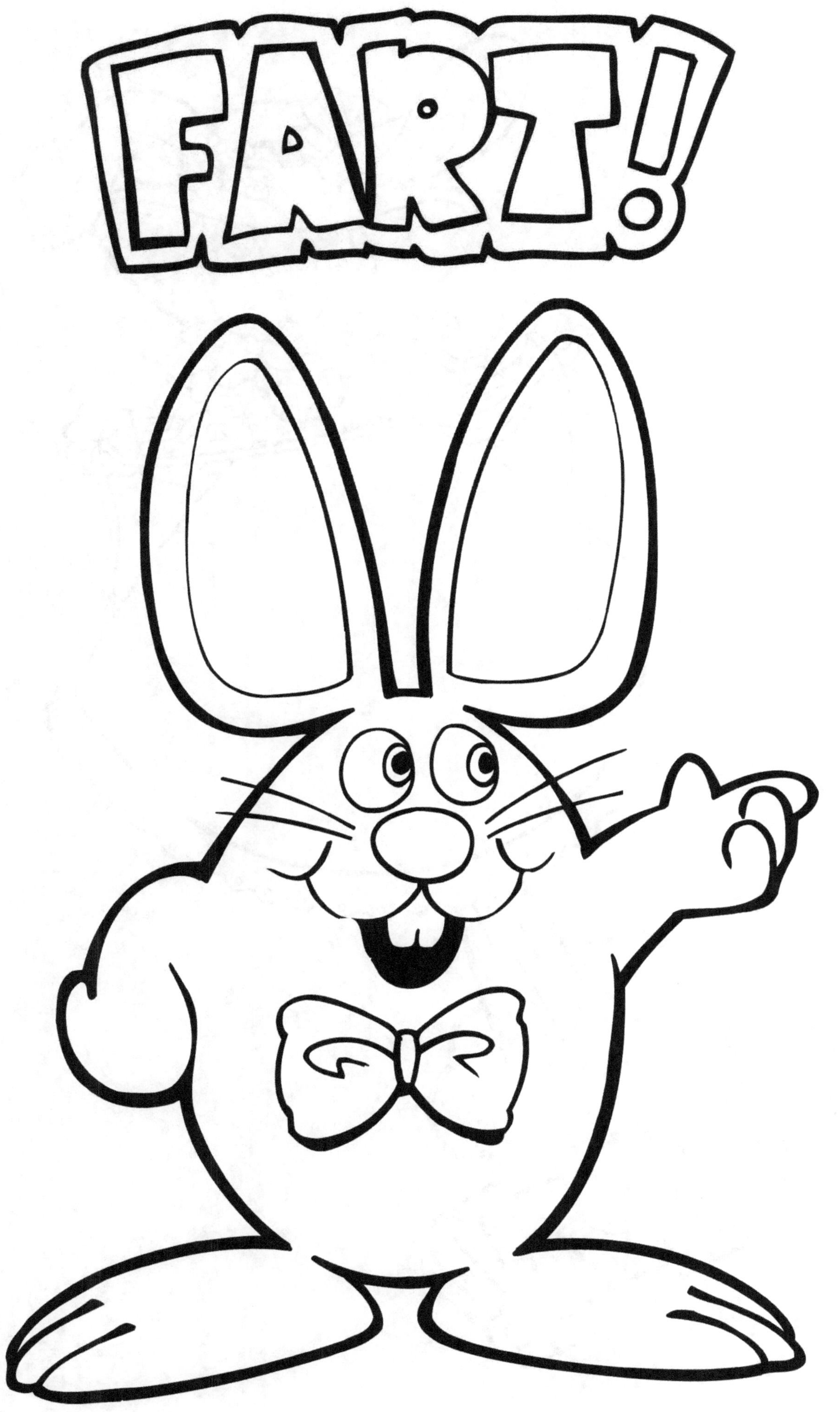
FART!

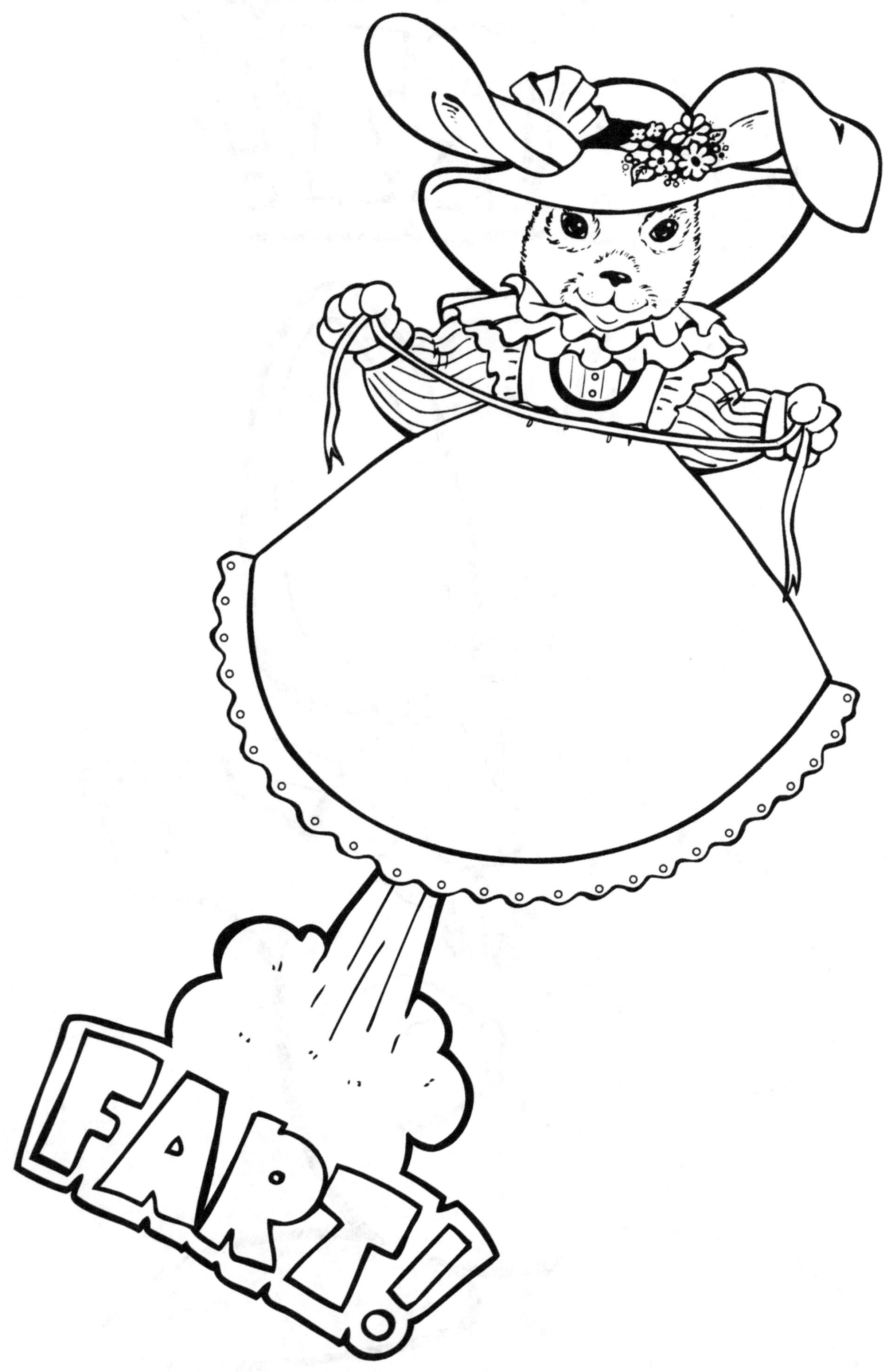
FART!

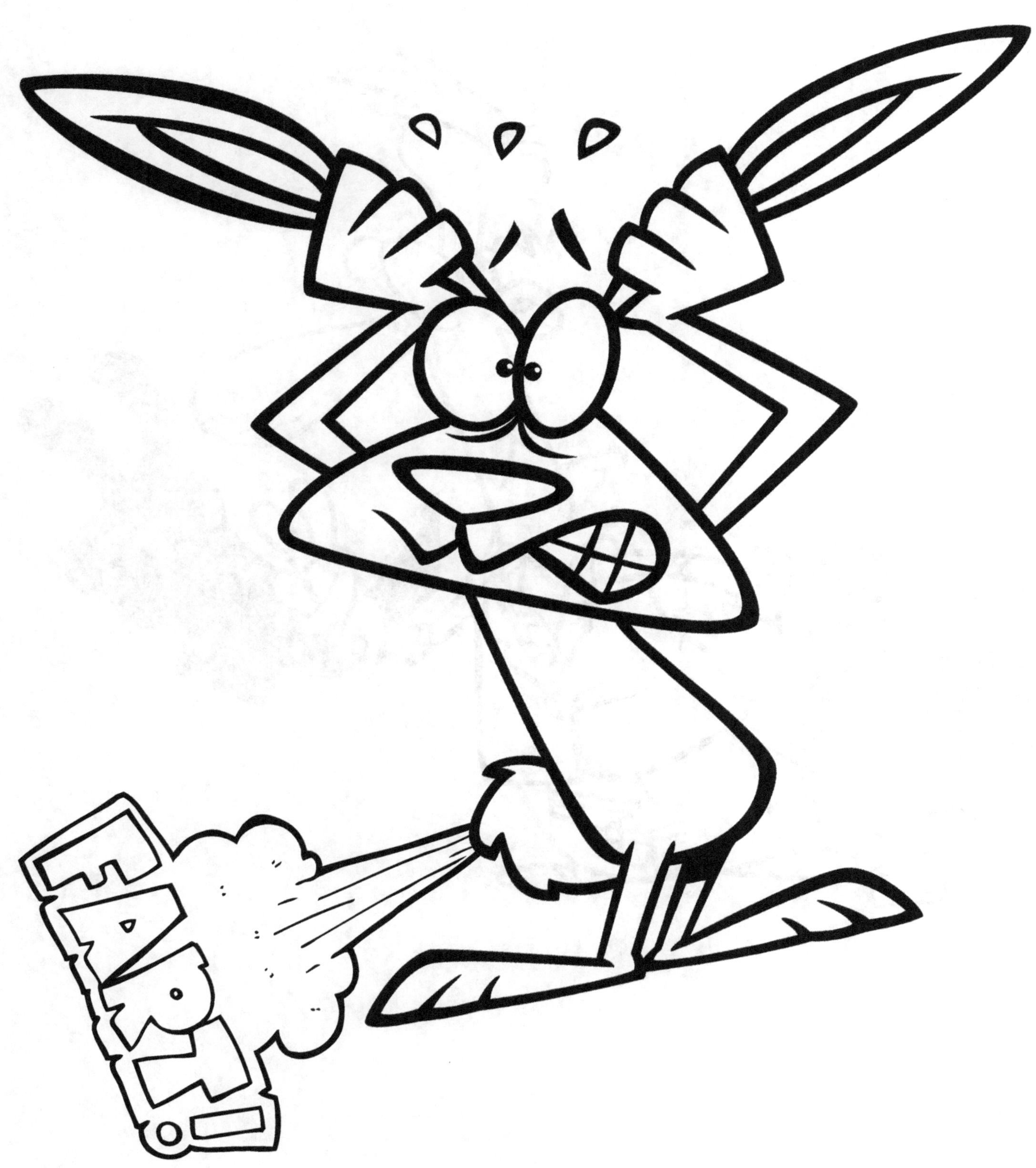

FART!

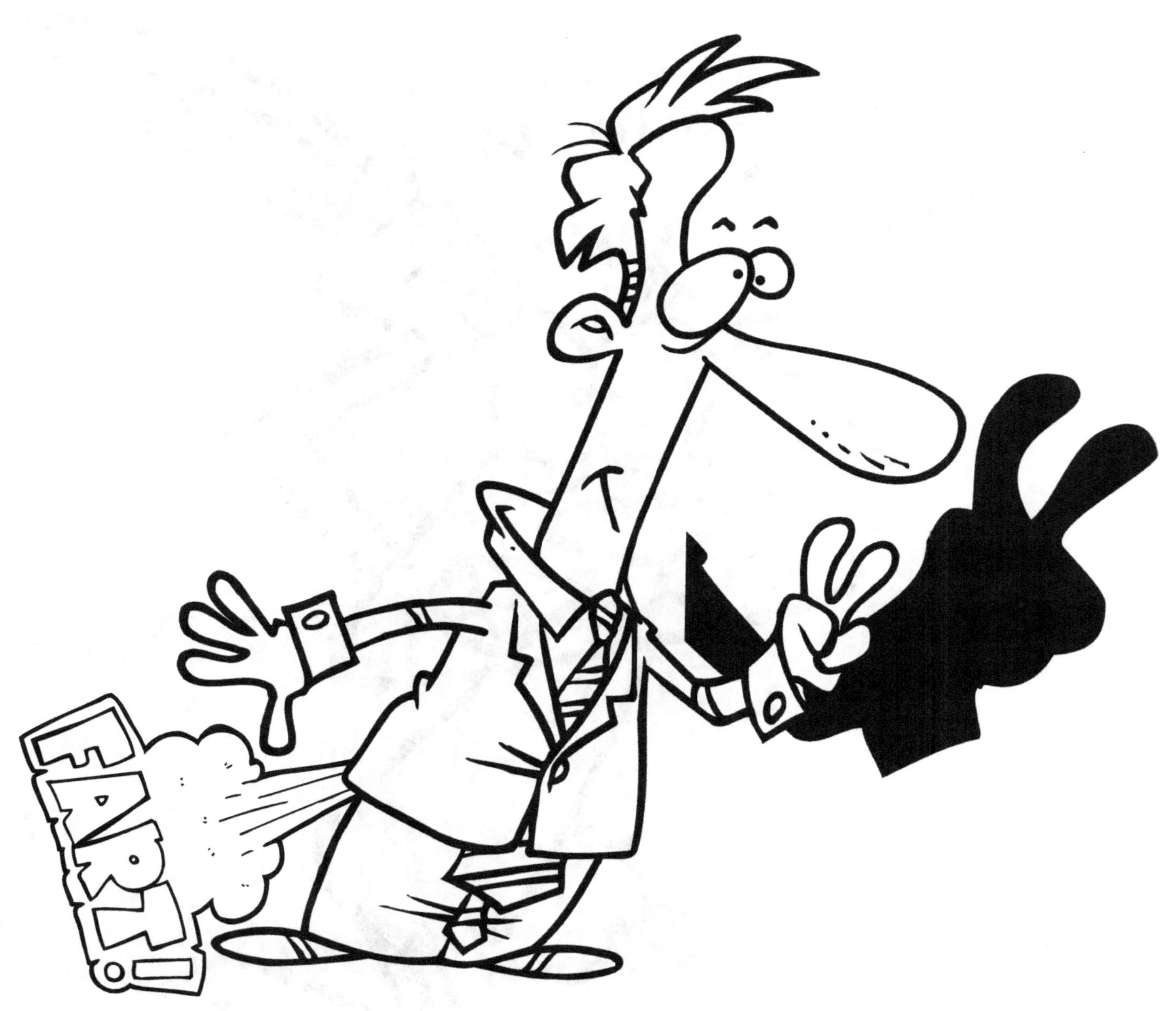
FART!

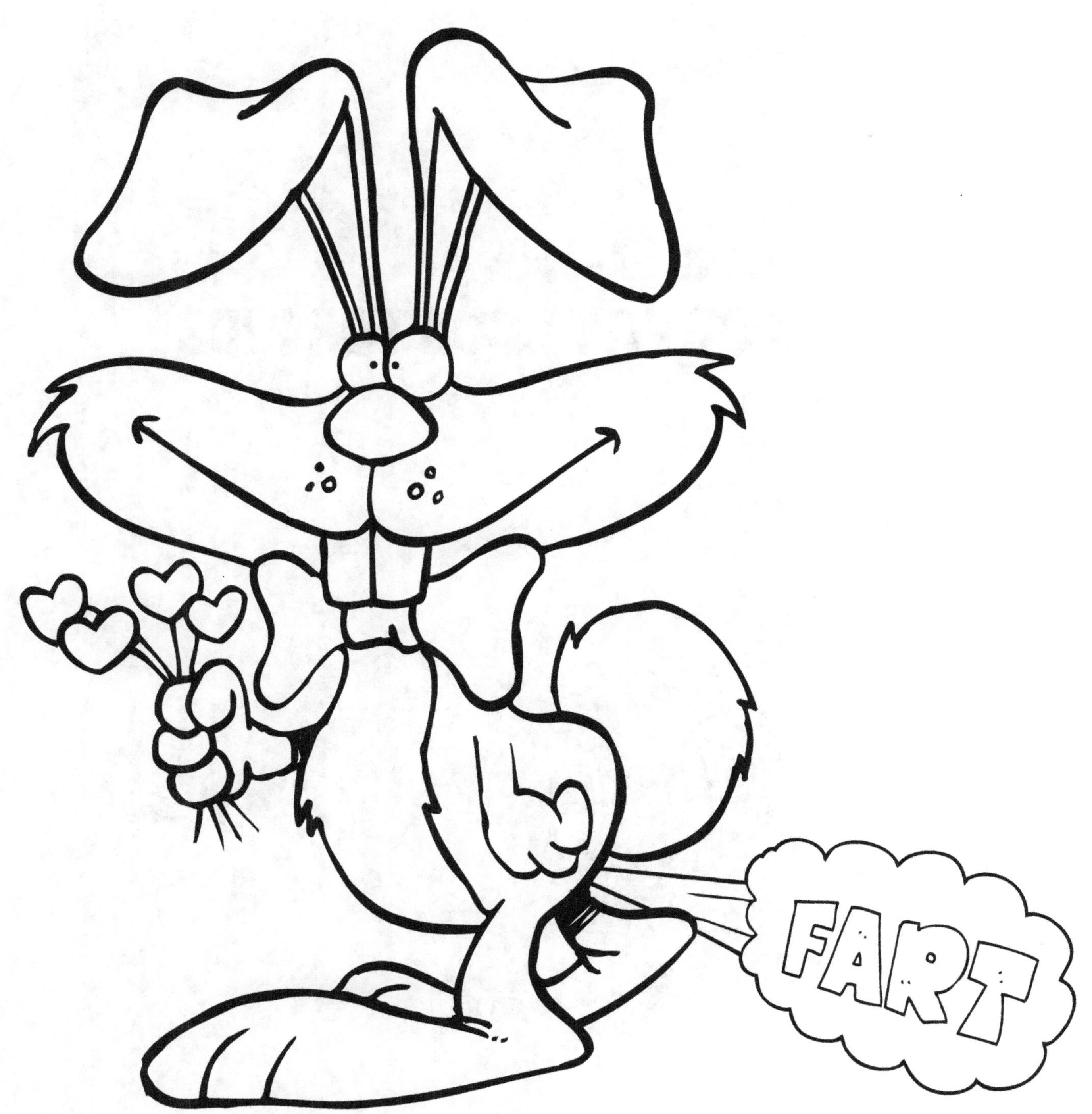

FART

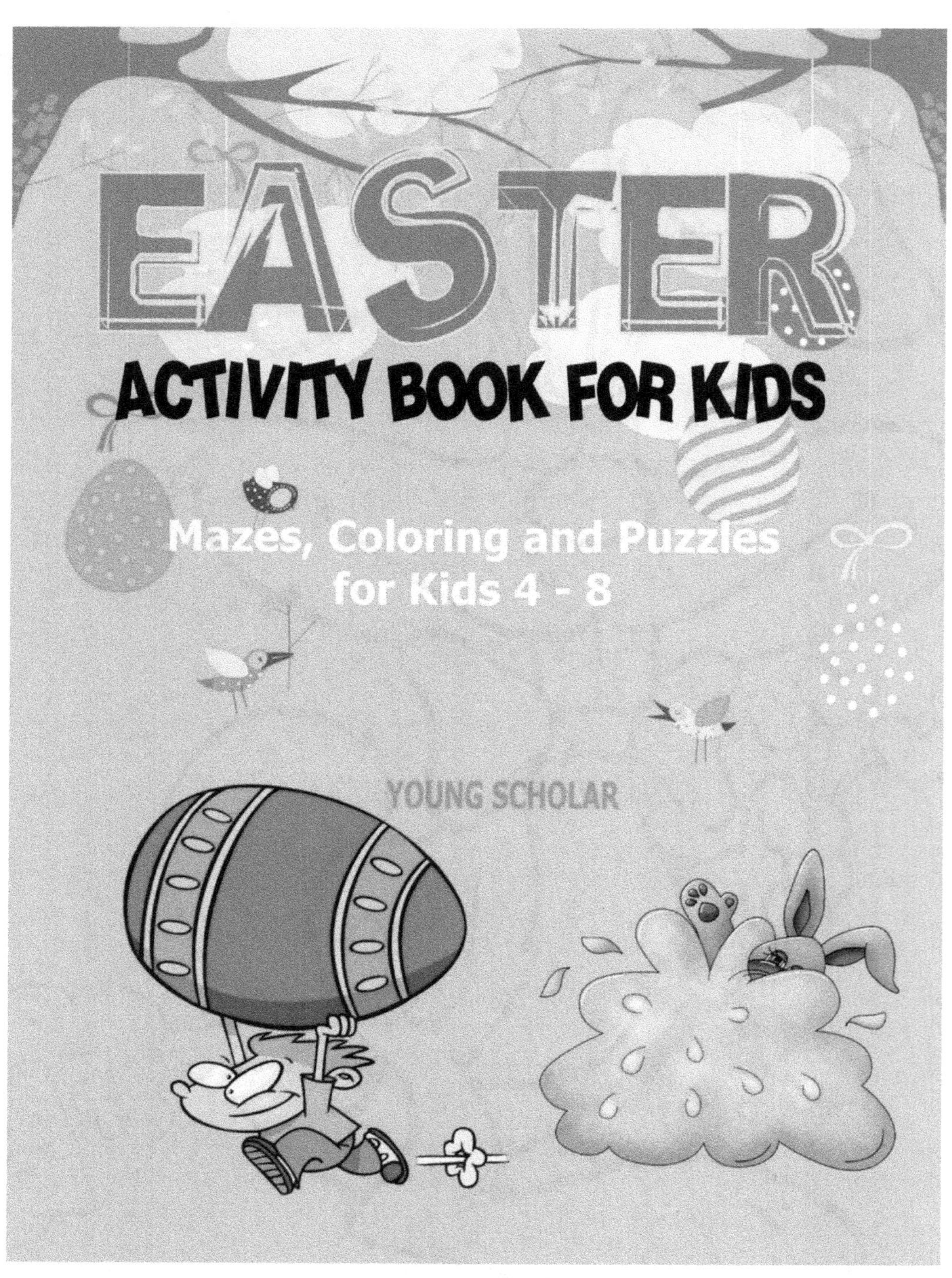

Easter Activity Book for Kids

Available at amazon.com